国家社科基金重大项目
"国民语文能力研究暨分类测试系统建

YUWEN JIAOXUE YU KAOSHI YANJIU

语文教学与考试研究

第一辑

陈跃红　宋亚云　主编

语文出版社

·北京·

图书在版编目（CIP）数据

语文教学与考试研究. 第一辑 / 陈跃红，宋亚云主编. -- 北京 ：语文出版社，2019.7

ISBN 978-7-5187-0936-6

Ⅰ. ①语… Ⅱ. ①陈… ②宋… Ⅲ. ①中学语文课－高考－命题－研究 Ⅳ. ①G633.302

中国版本图书馆CIP数据核字(2019)第204948号

责任编辑	金春梅　王　琦
装帧设计	刘姗姗
出　　版	语文出版社
地　　址	北京市东城区朝阳门内南小街51号　100010
电子信箱	ywcbsywp@163.com
排　　版	北京大有艺彩图文设计有限公司
印刷装订	北京市科星印刷有限责任公司
发　　行	语文出版社　新华书店经销
规　　格	890mm×1240mm
开　　本	A5
印　　张	7.875
字　　数	196千字
版　　次	2019年7月第1版
印　　次	2019年7月第1次印刷
定　　价	30.00元

📞 010-65253954(咨询) 010-65251033(购书) 010-65250075(印装质量)

目　录

国民语文能力研究的问题意识与重要意义
（代序）

南方科技大学　　陈跃红[①]

人类语言演进与文明进步的关联考察，可以完全正相关地证明，任何一个民族国家的语言和由此构建的语文能力的发达程度，与这个国家的文明地位和社会进步，基本呈现为互为因果的关系。当我们从语言文化的源头深处入手，一路认真清理众多民族的语文能力发展史时，同样能够很容易地发现，无论中外，语文能力在族群文明的发展史上，从来都具有异乎寻常的地位，语言的状况的确是关乎族群命运和国本，进而甚至是能够惊天地泣鬼神的天大要事。中外传说中关于仓颉造字引来"天雨粟，鬼夜哭"，以及上帝为了阻拦人类建造成功巴别塔，用阴谋手段搞乱人类语言，使他们失去交流沟通能力的故事，都象征性地在告诫世人，语文能力事关"人"的存在并区别于其他生物，事关国本和国家核心价值的表达以及阐释能力，事关民族文化传统的记录、传承和持续发展需求，事关当代和未来国民素质的养成，

---

① 陈跃红，北京大学中文系教授，曾任北大中文系副系主任（2004—2012）、系主任（2012—2016）。现任南方科技大学讲座教授、人文社会科学学院院长。

事关精神境界和灵魂的养成，同时也事关人类在走向未来数字化、智能化发达社会的过程中，作为最重要的资本（文化资本）和不可或缺的生产力要素之一的巨大效用的呈现可能。

既然国民语文能力是如此的重要，那么作为中华民族主要交流工具的汉语文和我国其他民族的语文，我们对它在"能力"层面的研究已经到了什么程度呢？很遗憾，迄今似乎整个学界自身也心中没谱。以我个人大半生职业性涉猎语文，并且在北大中文系工作快30年，参与学术组织和管理十多年的经历，我没有感觉到我们对国民语文有多么系统的掌握、全面的认知和科学的分析建构。

譬如说，对于中国不同年龄、不同学历、不同民族、不同职业人群的汉语文能力，应不应该有那么一套大致适宜的标准化判断性要求？这类语文能力的差异可不可以测量其程度的差别？对此我们有没有必要建立一套科学检测的标准、规范、模式和足够巨量，并且是科学的、安全的，同时也是科学化的、智能化的、随机化的，不断能够发展升级的检测范式和检测性题库？

进而言之，对国民语文能力的把握究竟是基于主观的感觉判断，还是可以有一系列规范尺度去检测和评定？关于这些问题，老实说，尽管我们也在不断组织各种汉语或者说汉语文能力的考试，譬如高考、中考、各类公务员和专业人才的语文考试，但是，无论是在宏观层面还是在微观层面，我们至今都还缺乏系统的调研和深度的考察分析，没有世界公认的学院派的以及国家的标准，更遑论以此去建立系统分层的学术标准化体系了。

这样一来，问题就显得有些严峻而迫切了，须知，中国作为一个历史悠久且当下正在迅速崛起的世界大国，汉语作为中外至少15亿人口使用的语言，已经跨越数千年走到了21世纪的今天，如果我们对自己国民的汉语文能力没有专门的、深入的、系统的全面研究，没有类似世界其他国家已经具有的，并且一直以来始终在对外推广和影响世界的国家语文能力权威测试体系，我以为，这不仅仅是一种严重的语言文化缺席，与我们国家的世界地位极不相称，而且还会由此拖住中国走向现代世界大国的脚步，因为，一个没有发达的国民语文能力体系的国家，在语言文化的意义上，恐怕永远也称不上是发达的世界大国。

你也许可以说，我们古代有科举，考察的主要就是语文相关科目，现在也有高考语文以及为外国留学生设立的汉语考试，甚至在公务员考试中语文能力也是重要科目，怎么能说没有语文测评呢？这里应该承认，在不同时期我们都曾经有过针对特定人群的语文能力考试，可是我们也必须面对这样一种事实，那就是，此类考试不具有制度的和学术的强制测定标准，不具备系统性的、覆盖性的、科学性的标准范式。这些语文能力考试有时候甚至只是针对某类学业和职业，针对特定有限人群的临时随机考察，而且基本上以考察一般汉语知识和写作为主。相对而言，这类考试常常忽略对整体的汉语语文能力的测定，尤其是忽略对汉语文化、文字和口头交际能力的测定，在考试的规范、标准、年龄、职业和民族区分方面，基本没有分类规范的国家标准和测评安排，同时也没有形成升学、就业和第三方评估的权威认证参考体系，因而这类考试目前并不具备面对全体国民语文能力的、普遍和系统的国家标准的规范意义。这正是我们倡导和推动开展国家社科重大项目"国民语文能力研究暨测试系统分类建设"的学术目标和现实动因。

这一课题研究领域的设定，即课题所谓的国民语文能力，就其所关涉的中文语境而言，首先被限定为全面的"中国语言文学的相关能力"，而不仅仅是一般的汉语知识和写作考察。就其语言范畴领域而言，由于课题和队伍所限，目前暂时只能限定为"汉语言文学能力的研究和检测"。至于以其他民族语言为基础的语文能力，虽然同样属于我国的国民语文能力的范畴，但后续研究就要期待具有相关民族语言特长的学界同仁群体去继续担纲展开了。

从国民语文能力的整体结构范畴去梳理，我们的基本判断是：既往的考查偏重汉语知识而忽略全面能力；偏重局部人群而忽略国家人口整体结构（譬如偏重基础教育人群和来华留学生）；注重客观内容的机械考查而忽略主观能力的科学测评；局限于传统考试的知识点评测，而缺乏高科技和数字智能技术时代的能力性测评方法。基于此，本项目的目标是要调整国民语文能力研究和测评的方向，从实际能力、整体性、系统性和新技术条件下的语文主客观能力测评等方面去实现系统标准建构，以追求学术和科学主导下的国民语文能力评价和权威测试系统的建立，这尤其被视为项目发展未来的最终目标。

作为一个需要较长时段展开持续性研究的重大研究计划，研究的整体框架可以分为前期、中期和后期三个阶段。前期主要是国民语文能力的学术性和技术性研究，以出理论性、学术性成果为主。中期主要是分专业板块知识和能力标准的研究，由此建立测评模型，创新测评技术手段，建设试题的分类数据库，逐步展开试点和试验性推广。后期则是展开有序的大规模推广和持续改进工作，最终建立学术和制度两个层面兼备的国民语文能力测评体系。

至于目前项目的学术目标期待，在有限的课题时间和空间范围内，主要还是先展开第一阶段的研究，即前期关于国民语文能力的学术性探讨和测评技术的批评性总结研究，以产出理论性、学术性成果为主，同时也展开一些实验性的测试安排。具体来说，第一阶段的研究包含对既往国内和国外类似的语文能力和测评系统的调查研究，总结成败得失，并且基于项目核心的问题意识和批判革新重点，有必要科学地阐释和回答下列重要问题：1. 何谓国民的语文能力？其知识内涵和意义范畴如何界定？2. 提高国民语文能力对国家社会、经济、文化发展有什么意义？3. 为何需要建立一套关于国民语文能力的价值标准和分级测试系统？ 4.长期以来，为何在中文世界至今没有建立起一套全面的、科学的、得到学术界和国家认可的语文能力测试系统？既有的基础教育考试尤其是高考语文，为什么没有发展成为关于国民语文能力测评的、有权威说服力的国家标准？ 5.在现代技术和网络数字科技的条件下，关于人的语文能力的主观层面有没有可能进行相对科学的测评？

为了分步有序地展开研究，整个项目将由一系列子项目构成：包括但不限于对国民语文基本能力与测评手段的历史梳理和问题研究，主要从现代汉语、古代汉语和一般语言学的学术视野出发，从文字、词汇、句法、语法和整个语言复杂系统的不同角度，借助现代语言学理论的研究成果，对国民语文能力中的客观知识要素结构和主观认知理解部分进行分析研究，提出相应的判断测评模型和考察方法。包括但不限于对中学生语文基本能力与知识测评的总结和研究，重点从中文学术研究的当代成果出发，依据中学语文教学、高考、自主招生等实践经验和前人的理论研讨，系统梳理此类教研和测评对中学生语文基本能力的把握程度、存在的问题，并在此基础上，总结提炼能够超越高考知识范型，真实反映中学生语文能力的新的理论范式、学习训练方法和分级测评模式。包括但不限于国民文学素养与写作能力及考察方法研究，主要尝试从中国文学、比较文学、文艺学和汉语写作的学术研究视野出发，借鉴域外文学教育和语文写作能力测评的经验，重点调研、整理和分析汉语文学的文类、体裁、叙事和一般文学写作能力的考察范式和测评方法，尤其注意文学客观知识以外的普遍文学文体思维、领悟和写作能力的科学测评模式的建立和考察方法。包括但不限于国民语文基本能力既往测试手段的总结和新测试技术的研究开发，主要依据国内多年研究和实施汉语能力测评的成果和经验，进一步调研和分析整理国内外语文能力测试的资料和学术成果，在此基础上梳理、研发基于国民语文能力项目范畴意义上的测试模式和手段，借鉴现代网络数字技术，争取实现测试模式和方法的逐步创新。包括但不限于国民语文能力测试平台的建设和推广研究，主要根据政府教育部门、学校和民间机构长期研发、设计、推广语文能力测评体系的成果和经验，进一步研发和推广适合于国民语文能力测试的相关技术分级标准、测试平台，并根据研究成果，积极设计具有创新效果和技术含量的测试手段和推广程序，建设智能化的题库和延续性扩充、调试的考试系统。所有这些子项目的研究均与整体计划和框架密切相关，每一子项目都有重点地指向项目整体的某一重要方面，譬如历史测评经验梳理、特定人群对象考察、技术更新研究，以及作为难点的能力主观因素研究和新的考察测评技术研究等。最后，也是十分重要的是，需要培养造就一批高水准、高素质的国民语文能力的研究学者队伍和测评专家队伍，如此才能保证项目和测评体系的科学水准和持续深入发展。

面对世界性国家文化实力竞争的现实态势，面对发达国家语文的现实主导状况，处在经济转型和文化提升关键期的中国，为了确立汉语文化在中国和世界的语言身份和文化实力地位，为了引导国民对语文的学习认知和应用，目前迫切需要在更加宏观的意义上对国民语文能力展开集中研究，并在系统调研、科学分析总结的基础上，尝试逐步建立起一套符合汉语的世界地位的、能够覆盖全民的、分级分类的、关于中国国民语文知识能力的科学评价和检测系统。这一能力评价和测试系统的研究实施、持续推广和权威性认可，在国际上将会有力地提高和扩大汉语文化的国际影响；在国内可以将其作为不同年龄段、不同学历、不同民族、不同职业身份国民语文能力的测定和判断手段，作为国民升学、就业和第三方评价的规范性指标和重要参照，对于提升和确立汉语文化的国家主体地位，对于提高人民的语言自信，对于我国的民族团结和国家的稳固统一，对于国家的语言安全和网络社会中的中文信息安全，都有着不可估量的重大价值和意义。

我国国民语文能力测评体系研发刍议

北京语言大学　　赵琪凤

一、国民语文能力研究

作为对母语进行考查的学科，语文有着非常重要的历史和现实意义。在全球化背景下，各国都深刻认识到母语课程在传承民族文化、培养优秀人才、推动社会发展等方面的重要作用，对母语课程更加重视，因此对母语能力的研究和测评也就更加关注。

1.1 国民语文核心素养的提出

对国民语文能力的研究，离不开对"核心素养"这一关键概念的解读。2014 年 3 月，教育部发布的《关于全面深化课程改革　落实立德树人根本任务的意见》中指出："教育部将组织研究提出各学段学生发展核心素养体系，明确学生应具备的适应终身发展和社会发展需要的必备品格和关键能力。"

经过一系列调研后，2017 年 9 月，中共中央办公厅、国务院办公厅发布的《关于深化教育体制机制改革的意见》指出，"要注重培养支撑终身发展、适应时代要求的关键能力。在培养学生基础知识和基本技能的过程中，强化学生关键能力培养。培养认知能力，引导学生具备独立思考、逻辑推理、信息加工、学会学习、语言表达和文字写作的素养，养成终身学习的意识和能力"，同时强调要"培养创新能力，激发学生好奇心、想象力和创新思维，养成创新人格，鼓励学生勇于探索、大胆尝试、创新创造"。

对于核心素养的解读和分析，更多地体现在我国高考语文的教学和课程标准设立方面。《普通高中语文课程标准（2017年版）》指出："语文学科核心素养是学生在积极的语言实践活动中积累与构建起来，并在真实的语言运用情境中表现出来的语言能力及其品质；是学生在语文学习中获得的语言知识与语言能力，思维方法与思维品质，情感、态度与价值观的综合体现。主要包括'语言建构与运用''思维发展与提升''审美鉴赏与创造''文化传承与理解'四个方面。"

1.2 国民语文能力的界定

国民语文核心素养是借鉴新时代国际教育改革成果而提出来的概念，指学生通过学科学习所应达成的正确价值观、必备品格和关键能力。

董秀英（2010）认为，语文能力是个多维结构，不仅包括语文基础知识（包括文字、语音、词汇、语法、修辞、逻辑、文体、百科知识等）和基本技能（听、说、读、写），还包括获取知识和技能的智力因素（如观察力、想象力、记忆力、逻辑思维能力等）和非智力因素（如语文学习过程中表现出来的兴趣、情感、态度、价值观等）。

丁金国（2008）指出，语文能力包括接受能力和表达能力。接受是人们对外界知识的吸取过程，是通过听觉和视觉通道来运行的。接受能力主要体现于阅读能力和听说能力。表达是人们对自身内在知识的发送过程（包括声音和文字两种物质形式的发送）。

崔干行（2006）将语文能力界定为识字、写字能力，阅读、写作、口语交际等能力。

可以看出，相关专家都将语文能力界定为多维度的能力，包含了多种知识和技能，只有融合运用才能全面发展与提高语文能力。其中，接受能力、知识积累等是产出的必要条件，只有充分地获取知识和技能，才能实现高水平的产出与表达。新世纪以来，社会对人才能力和素养的要求越来越高，为了顺应时代发展，提升人才的综合竞争力，语文课程的设置在强化听、说、读、写四大核心技能的同时，扩展了观察、思考、评论三大能力领域。

根据前人研究和我国语文能力核心素养的内涵，本研究将国民语文能力概括为国民在长期的语文学习和语言积累、实践过程中，培养的接受和获取各种知识和技能的各种能力，以及在获取、吸收、积累各种知识和技能的基础上，通过独立思考、逻辑推理、信息加工，产出的语言表达和文字写作能力。

正如立思辰大语文联合创始人赵伯奇指出的：大语文培养的不仅是学生的语言表达能力，还有学生对信息整合、分析的能力，对事对人的同情心、同理心以及对美的欣赏和感受能力，要"语"与"文"并重。

为明确本研究对国民语文能力的界定，本文以下表呈现国民语文能力的内涵：

表1　国民语文能力的界定

国民语文能力	接受能力（包含观察、思考能力）	（1）语言知识的积累（包括词汇、语法、逻辑、修辞等）
		（2）通过听、读技能获取知识，提高能力
		（3）获取知识和技能的智力因素（如观察力、想象力、记忆力、逻辑思维能力等）
		（4）获取知识和技能的非智力因素（如兴趣、情感、态度、价值观等）
	表达能力（包含评论能力）	（1）对语言知识的实际运用
		（2）通过说、写技能对自身内在知识的发送过程
		（3）表达所需要的智力因素（如观察力、想象力、记忆力、逻辑思维能力等）
		（4）表达所需要的非智力因素（如兴趣、情感、态度、价值观等）

二、　国民语文能力测评体系的研发

2.1 测试目的与性质

　　国民语文能力测评应定位为诊断性测试，属于低利害性考试。国民语文能力测评的目的是促进我国国民核心素养的培养，评估我国目前不同年龄阶段的国民的语文能力，从而了解目前国民核心素养培养的现状，为我国国民语文能力的培养和教学提供科学的信息，也为我国国民提供有关语文能力和核心素养的诊断信息，最终用以指导国民语文能力的教学与国民语文能力的发展。此项考试不涉及选拔功能，而是指向国民语文能力的提升与国民核心素养的培养。

2.2 测试对象

通过学习和借鉴国际著名的评估项目[①]，国民语文能力测试对象可初步划分为中小学义务教育阶段的国民、高中毕业即将进入高等教育阶段的国民、大学毕业完成本科教育阶段的国民三大群体，其中义务教育阶段国民语文能力的评估集中于四年级（10 岁左右）[②]和八年级（14 岁左右）。本研究认为，以上年龄阶段的国民具有一定的群体代表性，能够在一定程度上体现我国不同教育阶段国民的语文能力以及核心素养的培养情况。

2.3 国民语文能力的操作性定义

国民语文能力测试的研发，离不开对测量对象的操作性定义。从教育的角度来看，国民语文能力最根本的是读写能力。因为在现代社会，几乎所有的知识都存在于语言之中，即便是口头传授的经验，其内容本身也会受到语言表达的影响（陈文存，2017）。能够准确地表达自己，是不容易做到的，这其实是国民核心素养的重要体现。基于以上分析，本研究将国民语文能力总括为接受能力和表达能力。

---

① 例如 PISA 等国际性评估项目。PISA（Programme for International Student Assessment）是一项国际化标准评估计划，由经济合作与发展组织统筹其成员国及其他一些国家共同开发。

② 以四年级学生阅读素养为评价对象（年龄在 9—10 岁），是因为这个学段处于阅读的关键期，学生正在由学习阅读转型为通过阅读来学习。

2.3.1 接受能力的操作性定义

本研究对接受能力的操作性定义主要聚焦于对阅读能力和阅读素养的考察。我们赞同 PIRLS（2011）的研究，将阅读素养界定为，个体理解和运用社会所需要的或个人认为有价值的书面语言的能力。读者通过阅读进行学习，参与学校和日常活动，建构各种文本意义，并乐在其中。

根据上文对测量对象的划分，对阅读能力的考察又细分为义务教育阶段国民的阅读能力的考察、高中毕业阶段国民阅读能力的考察、本科毕业阶段国民阅读能力的考察。

2.3.2 表达能力的操作性定义

本研究对表达能力的操作性定义主要聚焦于对写作能力和写作素养的考察。写作不仅是一种语言技能，更是人文素养的一种重要体现（陈文存，2017）。

根据 NAEP[①]（2011）的研究成果，写作是一个复杂的、多层面的、充满目的的交流活动，是写作情境需求（目的、对象等）与作者为了完成写作任务、适应阅读需要所采取的行为之间的协调统一。清晰的表达和有效的观点陈述有赖于作者聚焦和组织信息、正确运用语言的能力。

具体到不同年龄段国民群体的表达能力测评，可以进一步细分为义务教育阶段国民写作能力的考察、高中毕业阶段国民写作能力的考察、本科毕业阶段国民写作能力的考察。

---

① 美国国家教育进展评估（National Assessment of Education Progress，简称NAEP）也被称为"国家教育报告卡"，它是了解美国中小学生知识和能力的大型国家级成绩测量体系。

2.4 国民语文能力测试的内容

根据我国对国民核心素养和语文能力的培养目标，国民语文能力测试的设计要突出语文的综合性、应用性和基础性，突出能力和素养立意的命题指导思想（张开等，2017）。

2.4.1 国民语文能力阅读素养的测试内容

NAEP 认为，阅读是一个动态的、复杂的认知过程，它包括：理解书面文本，发展和解释意义，恰当地运用意义来满足不同的文本类型、阅读目的和阅读情境的需要。

PISA 对阅读素养作了如下界定：阅读素养是为了实现个人发展目标，增长知识，发挥潜力并参与社会活动，而理解、使用、反思书面文本并参与阅读活动的能力。

（1）阅读材料（阅读内容）

虽然电视电影这些流媒体材料的出现，极大地丰富了我们获取信息的途径，但书面材料作为最重要的信息传递载体，始终具有不可撼动的地位。PISA 测评中的书面材料种类较广，包括印刷的材料、手写的材料、网络技术呈现的电子材料。形式上可以是直观的材料，如表格、图片、地图和图表。这些直观材料可以独立出现，也可以穿插于连续文本中呈现。阅读材料也包括新型的电子文档，但有些电子材料在结构和格式上与普通书面材料不同，要求学生采用不同的阅读策略。

（2）理解、运用和反思（阅读要求）

理解是阅读的基本要求，对于给定的材料，首先要在字面上弄懂含义，对其表述的意思不误解。运用则是对材料能灵活运用，这也是对材料掌握熟练程度的一种考量。理解和运用通常在任何阅读素养的界定中都会被提到，这两项是对阅读能力的基本要求，也是测试的主要内容。反思部分要求学生不仅要关注文章的内容，还要运用他们已掌握的知识理解并反思文章的内容及形式。其目的就是强调阅读是一种交互的过程，即阅读者必须从材料中提炼出自己个人的观点。

（3）开发知识、潜能和社会参与（阅读目的）

这主要体现了阅读素养发挥作用的各种情境：从个体的到公共的，从学校到工作，从终身学习到公民的权利和义务等。"学生为实现个人目标，开发知识、潜能。"阅读素养有助于实现个人理想，既包括确定的理想如毕业或找到工作，也包括有利于充实个人生活和终身教育中的较不确定或较间接的理想。"社会"主要指经济、政治生活及社会、文化生活。"参与"则指人们为社会做出贡献和满足个人需求，它既包括了社会的、文化的和政治的约束，也包括了取得个人成功、解放的关键性含义。

综合上述国际大规模阅读素养测评项目的研究成果，本研究认为，我国国民语文阅读能力的测评，需要从阅读理解层次、阅读文本两个维度进行测评体系的建构。

表 2　国民语文阅读能力测评

维度	具体体现	题目类型
阅读理解层次	阅读概括能力	
	阅读分析能力	
	阅读联想（联系）能力	
	阅读评价（反思）能力	
阅读文本	文学体验	文学类文本（小说、故事、诗歌、戏剧、传说、传记、神话、民间故事等）、论述类文本、古代诗歌（文言文、古诗词等）

续表

维度	具体体现	题目类型
阅读文本	获取信息、知识	资讯类文本（信件、表格、图表、杂志新闻等）、科学研究类文本（研究报告、论文、实验数据等）
	完成某项任务	交通工具时刻表、修理安装物品的说明书、各类规定、填表说明、地图等

2.4.2 国民语文能力写作素养的测试内容

本研究认为，写作作为表达能力的重要体现，实现交流目的是写作核心素养的体现。交流目的，需要从观点的展开、观点的组织和语言的流畅与规范几个方面来实现。

表3 国民语文写作能力测评

维度	具体构成
观点的展开	深度和复杂性
	构思和写作的方法
	细节和例子
观点的组织	文本结构
	连贯性
	重点论述
语言的流畅与规范	句子结构和句子多样化
	词语的选择
	语态和语气
	语法、惯例和技巧

根据上述国民语文写作能力的测评框架，结合当前国际著名评估项目的研究成果和实施现状，本研究认为，写作能力的测试采用给材料写作的方式更为妥当。给材料作文，就是给出一段或多段材料，让学生根据材料内容自由选择角度，确定立意，明确文体，自拟标题进行写作。学生在审题构思时，必须充分运用发现问题、分析问题、解决问题的能力。给材料作文允许学生在写作视角上仁者见仁、智者见智，给学生写作提供更多的自由空间，具有很好的测试效度，对核心素养的培养也有很积极的后效。

2.5 国民语文能力测试试卷的组成与题型设计

国民语文能力测试试卷拟由阅读理解和写作表达两大部分组成。

题型设计方面，建议采用优质传统题型，不追求题型的新颖度，采用为绝大多数国民所熟悉的题型作为测评手段。其中阅读理解测试，除了保留一定比例的客观性选择题，建议适当增加开放性试题。开放性试题是相对于封闭性试题而言的。封闭性试题一般情况下答案固定且明确，而开放性试题一般具有问题开放性、问题解决方法多样性，以及答案不唯一等特点。开放性试题的一系列特点，能让学生有机会展示其与众不同的问题解答思路和过程，有利于完善学生的认知结构，更好地培养学生的独立思考能力、探索精神和创新意识。开放性试题在考查学生语文核心素养方面具有独特的优势。

写作表达能力的题型，则倾向于上文提到的给材料写作形式，学生通过阅读给出的材料，在理解、思考的基础上通过写作进行信息的产出与表达。这是对语文能力和核心素养的融合考查。

2.6 关于国民语文能力测评体系的思考

目前，我国国内存在一些针对某一特定语言能力的测试，比如普通话水平测试，它重点考查应试者普通话的标准程度和熟练程度，测试成绩分为三级六等。再比如职业汉语能力测试（ZHC），它重点考查的是被试的语言交际能力，按被试考试分数划分三个等级。还有比如汉字应用水平测试，考查的是被试的汉字应用能力，测试成绩分为三个等级。这些考试没有统一的标准加以指导和规范，相互之间不具有可比性。

我国国民语文能力测试可以考虑建立分级分类的测评体系，实现不同等级考试之间的可比性。《欧洲语言共同参考框架》（Common European Framework，简称 CEFR）把学习者的能力水平分为三等六级，并配套研发了相应的测试。日本语能力测试（The Japanese-Language Proficiency Test，简称 JLPT）对日本国内及海外母语非日语的学习者进行日语能力测试和认定。该考试分为 N1、N2、N3、N4、N5 五个级别，并对应五个级别的考试。我国国民语文能力测评体系，需要在充分调研和论证的基础上建立。

2.7 国民语文能力测试技术手段的设计

测试领域的重大变革之一是基于计算机的测验的出现（Computer-Based Test，简称 CBT）。基于计算机的测试的优点是测试不受时间和地域限制。题目保存在测试服务机构的服务器上，通过网络可以传到任何地方。被试随时可以在计算机终端上接受测试，而不必像传统笔试那样，所有被试都要在指定时间到指定地点去接受测试。

根据测验题目呈现的方式，CBT 可以分为四种方式：线性（linear）、随机（random）、自适应（adaptive）、模拟（simulation）。目前，由于题库建设、选题策略等问题，大规模标准化测试还很少使用计算机自适应测试，大多采用了计算机线性测试。

国民语文能力测试的实施，可以从计算机线性测试开始，随着题库建设的完善以及选题策略的研发提高，逐步改进计算机测试的呈现方式。

2.8 国民语文能力测试服务意识的增强

测试具有服务考生、服务社会的功能，测试研发者有义务向考生、社会及用户单位提供详细信息。

CEFR 对划分出的三级六等中的每个等级都做了详细的能做描述（can-do）。实用汉语水平认定考试设计了人性化的成绩报告单，在报告单上详细报告考生的得分情况，并对考生的汉语水平进行诊断性评价，对考生的汉语学习提供指导性信息。实践证明，这些举措都得到了考生的欢迎和好评。

三、对我国国民语文教学的启示

在当前注重人才培养和人才竞争的时代，母语教学的改革和母语能力测试的研发成为研究热点，也成为各国教育战略发展的重要方针。在此背景下，我国于近年来陆续颁布的《关于深化教育体制机制改革的意见》《普通高中语文课程标准（2017 年版）》等文件，也切实体现了对国民语文能力、核心素养培养的关注与重视。本研究通过查阅相关国际语文能力测评的文献，在考虑我国国民语文能力测试研发的各项环节设置的同时，梳理国外母语教学的发展态势，希望对我国国民语文教学有所启示。本研究认为，我国国民语文教学需要注重国民语文能力培养的综合性、国民语文能力发展的可持续性、国民语文学习情境的多样化、国民信息获取的多模态化以及评价制度的人性化。

3.1 国民语文能力培养的综合性

纵观近年来国际著名的语言测试和母语能力评估项目的发展趋势，

可以看出，当前国际上对学生母语能力（含语言能力）的界定与考察，更多地是从技能融合的角度展开的，不再细化为单独的听、说、读、写技能，而是根据实际学习和交际的需求，从技能综合运用的角度，考察学生阅读、观察、思考、表达、评论等能力。这些培养和考察视角既离不开对听、说、读、写四项技能的运用，又强调了综合统一的重要性。

3.2 国民语文能力发展的可持续性

母语教学离不开基础知识的传授，学生也需要深厚的知识积累和储备。正因为充分认识到这一点，很多国家（例如英国、德国、日本等）在母语教学中非常重视基本知识和基本技能、策略的传授，崇尚"授之以渔"的教育理念，引导国民在母语学习中学会技能和必要的学习、应用策略，为今后自主学习、终身学习打下基础。我国的国民语文能力教学同样也在这方面有所设计和实践，学生不仅需要掌握汉语基本的词汇、语法，还需要学习表达得体性等方面的技能与策略，体现了培养长期可持续发展的学习能力的理念。

3.3 国民语文学习材料的多样化

学习材料是国民语文学习的基础和支撑。语文教学的开展离不开创设各种学习情境，提供多样化的学习资料，模拟多种生活、学习、工作场景下接受和产出语文的条件。因此，国民语文学习材料的多样化是非常关键的。例如在阅读方面，阅读文本的选取就充分体现了多样化的要求，文学类文本、资讯类文本等都呈献给学生阅读。在写作表达方面，美国强调"通过写作实践来获得进步"，澳大利亚要求学生"能够以富有表现力、富有思想性的语言进行广泛的写作"，加拿大提出"能够运用多样化的文本形式独立或合作创作文本"。我国目前的国民语文写作能力的培养和测评，也都是需要学生基于一定的背景信息进行思考，选取角度完成写作，而非整齐划一的标准化要求，同样体现了多样化的设计与风格。

3.4 信息获取的多模态化

随着现代科技的迅猛发展，母语教学与信息化技术的关系日益密切。国民语文教学的课程设计、教学实施都需要与信息技术相融合，充分发挥信息技术的优势，在多模态化的信息获取途径方面跟上时代步伐。例如通过电子媒体、平板电脑、慕课等形式进行教学和课程反馈，学生也可以在线完成相应的阅读和写作练习。同时，计算机信息处理还可以对学生进行大数据的分析和诊断评价，为学生提供更多更详细的参考信息和基于大数据分析的诊断性建议。可以说，信息化与语文教学相结合是大势所趋，这也是对语文教学提出的新时代要求。

3.5 评价制度的人性化

教学评价具有诊断的功能，是教学环节中必不可少的重要环节。为了确保公平性，同时保护学生的学习热情，国际上很多国家都采用了人性化的评价体系。例如，英国的母语教学评价形式多种多样，考虑到了教学中的方方面面。美国的母语教学评价强调过程性，注重学生学习的每一个阶段和环节的表现。韩国的母语教学则更为重视学生学习的动机和态度，关注学生主动参与和主动学习的素养。可见，人性化的评价体系需要更多地从学生学习和发展的角度出发，目的在于激发学生的学习热情，促进学习的长期有效发展。

四、小结

国民语文能力的提升、国民核心素养的培养是当前世界各国国民教育的重要内容。本研究通过学习相关的文献和测评项目，对国民语文能力测试的性质与目的、测试的对象与群体、国民语文能力的操作性定义、测试的内容、测试试卷的组成与题型结构、评价体系的设计、测试方式的信息化以及考试服务等方面进行了初步探讨，并提出我国国民语文教学应注重国民语文能力培养的综合性、国民语文能力发展的可持续性、国民语文学习情境的多样化、国民信息获取的多模态化以及评价制度的人性化。

参考文献

陈文存 2017《论高考英语写作试题及其发展方向》，《中国考试》第 6 期。

崔干行 2006《试析国民语文素养与语文教学存在的若干问题》，《广州大学学报（社会科学版）》第 7 期。

丁金国 2008《语文教育与语体意识》，《鲁东大学学报（哲学社会科学版）》第 1 期。

董秀英 2010《语文能力某些构成要素下降的原因》，《语文学刊》第 1 期。

顾之川 2018《高考语文如何落实核心素养》，《中国考试》第 10 期。

李德鹏 2015《论我国公民语言能力的评价标准》，《理论月刊》第 12 期。

徐鹏、郑国民 2011《国外母语课程发展的动态及趋势》，《河北师范大学学报（教育科学版）》第 2 期。

俞向军、马军军 2018《学生阅读素养的国际比较研究及启示》，《中国考试》第 10 期。

张开、赵静宇 2017《恢复高考后语文课改革与发展述略》，《中国考试》第 3 期。

郑桂华 2017《高考语文试题的变化与展望》，《中国考试》第 1 期。

周宓、李瑛 2017《基于核心素养的语文开放性试题多维评量模型的设计与探索》，《中国考试》第 11 期。

语言测试理论与实践发展历程概述

北京语言大学　　　赵琪凤

一、语言测试发展的理论依据

1.1 语言观是语言测试发展的理论依据

　　语言测试作为应用语言学的一个重要分支，是一门多学科交叉渗透的学科，涉及语言学、教育测量学、心理语言学、认知心理学、二语习得理论、教学法、计算机科学等学科。语言测试的发展与语言学、语言哲学关系密切。由于人们对语言测试的认识与对语言规律的认识存在一致性，也就是说，有什么样的语言观，就有什么样的语言测试观，因此，不同时期的语言观是语言测试的方向标，是语言测试理论发展和变化的助推器。就其本质而言，语言观是语言测试发展的理论依据。深入研究语言观的变迁，有利于把握语言测试理论的发展历程，从而指导语言测试的开发与实践。纵观语言研究与语言测试的不断演进，传统语法观、结构主义语言观、功能语言观、交际语言观的发展变化历程，对语言测试发展阶段的改变产生了根本性的影响，每一种起主导作用的语言观的出现，都会相应出现一个语言测试理论发展的主流阶段。语言测试是一定的语言学理论、心理学理论和教学法的体现。正因为如此，基于语言研究中对语言本质、功能等问题的不断思索和研究，语言观和语言测试理论才得以不断变迁和发展、完善，促进语言教学和语言测试的发展。所以，从时间上来看，语言测试方法的形成往往滞后于相应的语言学理论（邹申，2005）。

1.2 语言测试理论发展的重要阶段

根据 Spolsky（1977），Heaton（1988）等前人的研究总结，语言测试在发展进程中出现了四个重要阶段，分别为传统语言测试（科学前语言测试）阶段、现代语言测试（心理测量—结构主义语言测试）阶段、后现代语言测试（心理语言学—社会语言学语言测试）阶段、交际语言测试阶段。

1.2.1 传统语法研究与传统语言测试

20 世纪以前的传统语法观源于早期拉丁语或希腊语法，认为语言涵盖语音、词汇和语法等知识，对语言的描写和语言的规范性高度重视，因此书面语语法规则体系是传统语言学的主要研究对象。受此时语言观的影响，传统语言测试主要以考查考生的语言知识为目标，听力、口语被认为是额外的测试组成部分，写作和翻译是主要的测试内容。传统语言测试的一个最大特点就是主观性太强，无论是对测试技能的确定、题型的设计（以写作、翻译为主），还是对测试内容范围的划定（多为文学、文化类），以及主观性评分的操作等方面，都依靠教师的主观判断，整个语言测试领域呈现过度主观化的散乱状态，测试的信度和效度也并不理想，因此也被称为"科学前语言测试"。

1.2.2 结构主义语言学研究与现代语言测试

这个时期是语言测试重要的发展阶段，语言测试在这个时期完成了语言学理论和统计学方法的融合，成为一门相对独立的学科。大规模标准化语言测试（如 TOEFL）就是这个时期的重要产物。

以乔姆斯基（Chomsky）为代表的结构主义语言学学者结合学界对传统语言观的批评，重新审视并思考语言学理论，他们将语言解读为一套符号系统，并据此开始详细描写日常交际语言。乔姆斯基（Chomsky）等明确区分了语言成分与语言技能，并指出语言构成成分具有分离性特征，但是语言技能具有综合性特点。在结构主义语言观的影响下，此时的语言测试也具有了结构主义的思想，强调不同语言成分可以单独测试，例如可以不考虑语境因素，分别考查语法、词汇、语音，并分别测试听、说、读、写等语言技能。由此出现了两种使用频率很高的题型，分别是分离式试题（discrete items）和分立式试题（discrete-point items）。这两种试题均采用多项选择题方式进行考查，多项选择题可借助计算机阅卷，同时作答时间短，可以增加题数，拓宽考查范围和内容，不仅确保阅卷的客观准确，同时也有利于提高试卷的信度和内容效度，具有客观性的典型特征。

该时期的语言测试研究同时也引入了心理测量学方面的统计方法，运用定量分析方法对试卷展开深入研究，由此出现了一些测试领域的相关概念，例如难度、区分度、信度、效度等。这一系列融合研究推动了语言测试的发展，使语言测试成为一门既有理论基础，又有相对科学的统计技术的学科。需要注意的是，在这一时期，语言测试通过大量运用客观性试题确保了测试结果的可靠性，但是测试的有效性问题并未得到深入研究，有关测试构想的争论也逐渐显现出来。

1.2.3 社会语言学、功能语言学研究与后现代语言测试

受到功能语言学观的影响，从 20 世纪 70 年代起，语言测试进入到心理语言学—社会语言学时期。语境的提出是功能语言学发展的基础，功能语言学认为语言运用和处理受到情景语境和语言情境的制约。因此，这个时期的语言测试强调语境的设置，语言测试要在一定的语境中进行，注重综合考查考生的语言能力。常用的题型有完形填空、

综合改错、听写、翻译、写作和口试等，这些题型是对学生语法、词汇、阅读、听说等能力的测试，需要放置在一定的情境中进行考查。

1.2.4 心理语言学、认知语言学研究与交际语言测试

20 世纪 70 年代，美国人类学家和社会语言学家海姆斯（Hymes）提出交际能力的概念，标志着交际语言观的产生。在海姆斯的引领下，卡纳勒（Canale）等学者进一步发展和丰富交际语言观，强调交际语言能力不仅包括语法的准确使用，还包括语言的得体性等社会语言能力，以及交际策略能力。巴赫曼（Bachman）在此基础上，于 20 世纪 90 年代提出了新的语言交际模型（communicative language ability），认为语言的使用是一个动态的过程，在互动中各种知识、技能和心理过程交互作用，互相影响。

在交际语言观的影响下，交际语言测试也应运而生。交际语言测试的目的是测试学习者运用语言知识进行交际的能力。卡罗尔（Carrol）提出了"交际语言运用测试模型"，该模型涵盖独立测试和综合测试两种测试类型。其中独立测试关注听、说、读、写四种技能，综合测试的内容与实际交际行为紧密结合，综合四种技能进行测试。交际语言测试注重语言交际的语境设置、交际任务的真实性、交际目的的明确化，以及交际过程的互动性。对真实性和互动性的要求增加了测试研发和评分阅卷等工作的难度，尤其是大规模考试的实施，在测试环境和评分信度方面都提出了新的要求和挑战，同时也促进了计算机网络化考试的发展和改进。目前为人们所熟知的托福考试、各种面试型口语考试都是基于交际语言测试理论研发的成果。

1.3 小结

综上可见，语言研究和语言观对语言测试在不同时期的发展起到了重要的作用，语言观的变迁推动语言测试从前科学阶段逐步发展为

当前的交际语言测试阶段，实现了语言测试科学化的质变过程。不仅如此，我们还能够看到，语言研究和语言观对语言测试的影响是多方面、多维度的，对语言测试的构想、测试目标、施测的方式方法、评分等都产生了影响。同时也应当认识到，不同时期的语言测试理论之间并非互不相容，而是往往呈现相互补充的情况。语言测试理论与研发需要结合主流的语言观和测量的可操作性，需要整体的思考和融合，当前的语言测试领域就呈现结构主义语言测试与交际语言测试并存的态势（李筱菊，1997）。

进入 21 世纪以后，语言测试进入以认知语言学、心理测量学、计算机信息技术等为基础的信息化测试时代。语言测试研究的理论基础也呈现出多样性和多元化的特征，测试研发者密切关注学科的动态发展，结合大数据分析与人工智能技术，继续推动语言测试的科学化和信息化进程。

二、语言测试实践的发展研究

语言测试的发展实践，集中体现在一些大规模标准化考试的发展历程中。本研究将以托福考试、雅思考试、汉语水平考试的发展历程为主，辅以有代表性的交际互动测试（以 C.TEST 口语面试为例），呈现语言测试实践的大致发展轨迹，为未来大规模标准化考试（例如国民语文能力测试）的研发提供背景信息与参考建议。

经过梳理语言测试实践的发展历程，本研究发现当前国际知名的语言测试实践呈现考试内容综合化、考试种类多元化、考试技术现代化、考试服务人性化的发展趋势。

2.1 考试内容综合化

2.1.1 托福考试测试内容的综合化

托福考试（TOEFL）是目前规模最大的国际性、标准化外语考试之一，自 1964 年问世以来，已有 50 多年的历史，在全球 180 多个国家设有考点。托福考试从试卷结构、考试形式和测试内容方面，大致经历了五个阶段，每一发展阶段都体现出内容综合化的特点。

在托福考试发展的第一阶段（1964—1976），该考试试卷全部由客观性试题组成，其中，写作部分不是直接测试（direct testing），而是通过句子排序和组句成段这种间接方式来测试的。我们能够比较明显地看出，此时的托福考试测试内容和测试形式都比较单一。

随着语言理论与语言观的发展，到了 20 世纪七八十年代，也就是托福考试发展的第二个阶段（1976—1986），研发人员在对社会需求和可行性进行研究、论证、实验的基础上，研发并实施了托福口语考试和托福写作考试①。这三个考试互相补充，共同完成对考生听、说、读、写四种技能的测试，测试目的更加明确，系统性、针对性更强，效度更高。此时托福考试的测评体系更加完善，考试内容也更加综合化。

在托福考试发展的第三阶段（1986—1995），考试的"现实生活原则"（real-life situations）比以往的托福考试体现得更加明显。以听力部分为例，首先，测试内容和语料内容的选择基本上以学生日常生活为基础的原则体现得更明确；其次，在对话或谈话过程中，对会（谈）话人（narrators）的咳嗽、打喷嚏等日常生活中不可避免的现象不再避免，而是由会（谈）话人说声"对不起"（I'm sorry）后，对话和谈话继续进行，使考生仿佛置身于现实生活的真实场景中，顺利完成听力

---

① 托福口语考试（Test of Spoken English，简称 TSE），1981 年正式实施。托福写作考试（Test of Written English，简称 TWE），1986 年正式实施。

测试。另外，在听力测试的段落理解和阅读理解部分，加大了对整个篇章理解和推测、概括能力的考查，提问和设问更多地采用语言能力整体性测试的方法，更加凸显了考试内容的真实性和综合化的趋势。

到了 21 世纪，也就是托福考试发展的第五个阶段（2005 年至今），考试形式由分立式测试改为综合式测试，取消了语法考试，增加了口语考试，考生所说的英语被当场录音，由电脑进行数字化处理后，通过互联网发到美国教育考试服务中心（ETS）进行评分。整个考试分为听、说、读、写四大部分，全面实行对语言技能的融合测评。尤其是在新托福的口语和写作测试中，应试者必须融合多种技能之后才能答题[①]。

2.1.2 雅思考试测试内容的综合化

雅思考试（International English Language Testing System，简称 IELTS）诞生于 1978 年，是著名的国际性英语标准化水平测试之一。雅思成绩被英国、爱尔兰和澳大利亚、加拿大、新西兰、南非等英联邦的许多教育机构，以及越来越多的美国教育机构和各种各样的专业组织接受。雅思考试在发展过程中经历了两次重要修订，第一次修订是在 1987 至 1989 年之间，第二次修订是在 1995 年。雅思语言测试的修订和改进所依据的理论是交际语言测试理论，该考试注重考查考生对听、说、读、写四种能力的综合运用，考试内容也更倾向于综合性。

2.1.3 汉语水平考试测试内容的综合化

汉语水平考试（简称 HSK）是专为测试外国人和非汉族人的汉语

---

① 新托福口语考试中设有综合任务，任务内容涉及校园和学术话题，考生需要围绕这两类话题，将阅读、听力、口语表达三种能力融合起来回答题目。新托福写作考试中同样设有综合任务，考生需要融合阅读、听力、写作三种能力完成考试。这些测试内容和题型设置方式集中体现了综合化的测试发展思路。

水平而设计的一种标准化考试[①]。汉语水平考试在过去的近30年中，大体经历了三个主要的发展阶段。根据孙德金（2009）的界定，第一阶段为初创期（1980—1990），当时我国的对外汉语教学主要的教育类型是非学历的汉语预备教育，因此，最早研发的汉语水平测试被称为HSK（初、中等），测试群体是来华学习一到两年汉语的留学生，研制HSK（初、中等）是为了通过标准化的考试准确地确定留学生是否达到了结业和进入大学本科学习专业的要求，考试内容集中在对学生听力和阅读方面的能力考查。在第二阶段拓展期（1991—2000）和第三阶段改进期（2001—2010），随着我国经济水平和对外汉语教学事业的发展，教育类型也发生了重要变化，对外汉语教学由最初的以汉语预备教育为主转变为汉语进修教育、汉语专业教育和汉语预备教育等多种教育类型并存的格局，特别是汉语专业教育发展尤为迅速，多元化的教育类型对汉语水平考试提出了新的要求。经过几年的努力和论证，到1997年，HSK（基础）、HSK（初、中等）、HSK（高等）三类考试组成了HSK由低到高的考试系列，基本满足了各层次汉语学习者的考试需求。之后在汉语加速走向世界的新形势下，原北京语言大学汉语考试中心于2006年研制开发了针对最低端汉语学习者的HSK（入门级）考试，满足低水平考生的实际需求。汉语水平考试的测试内容融合了听力、阅读、写作和口语表达多个方面，是以交际语言能力测评为理论依据而设计和实施的。

2.2 考试种类多元化

在当前形势下，国际国内研发和实施的语言测试均呈现多种类、多元化的格局特征，旨在满足对不同群体语言水平进行考核和鉴定的

---

① 该考试由北京语言大学（原北京语言学院）自主研发，诞生于1984年。

需求。

2.2.1 不同考试间体现出的多元化

从测试目的和考生群体来看，托福和雅思考试旨在考查英语作为第二语言的考生在生活、学习、就业等方面的英语运用能力。新汉语水平考试（新 HSK）旨在考查汉语作为第二语言的考生在生活、学习和工作中运用汉语进行交际的能力。实用汉语水平认定考试（C.TEST）、商务汉语考试（BCT）旨在考查考生在商务、贸易、文化、教育等国际交流环境中使用汉语的熟练程度。来华留学预科汉语综合统一考试针对特定的高校、特定的专业、特定的生源，旨在为大学本科入学选拔人才。中小学生汉语考试旨在考查汉语非第一语言的中小学生在日常生活和学习中运用汉语的能力，以增强考生的自信心和成就感为目标。

从测试功能来看，实用汉语水平认定考试（C.TEST）口语考试、商务汉语考试（BCT）口试、汉语口语考试（SCT）都是专门的汉语口语考试，区别在于考试形式各不相同。实用汉语水平认定考试（C.TEST）口语考试的形式是面试①，商务汉语考试（BCT）口试采用计算机自适应方式进行，汉语口语考试（SCT）则运用自动信息处理技术考查口语水平。

2.2.2 同一考试内部体现出的多元化

同一大类的考试，根据考生群体与考生需求，也体现出种类的多元化。其中，雅思考试的多元化设置最为突出，也更体现出考试的人

---

① 实用汉语水平认定考试（C.TEST）口语考试是国内第一个专门测试母语非汉语者的汉语口语水平的面试型口语考试。在 2012 年之前，实用汉语水平认定考试（C.TEST）口语考试以现场面试为主要形式，由两位面试官同时对一名应试者进行考查与评价。2012 年起，主要以在线远程面试（网络面试）为主，由 1 名面试官对 1 名应试者主持面试并实时评分，第 2 名面试官根据面试录像进行复评。

性化设计。雅思考试最开始划分为学术类（academic module）和普通培训类（general training）。学术类雅思考试对考生的英语水平进行测试，评估考生的英语水平是否满足申请本科及研究生学习的要求，适合准备出国留学的同学。培训类雅思考试着重考核基本语言技能，适用于计划在英语国家工作、移民或申请非文凭类课程的人士。2015 年雅思考试进行了改革，增加了两种其他类型的考试：英国签证及移民的雅思考试（IELTS for UKVI）和雅思生活技能类考试（IELTS for Life Skills A1/B1 类）。前者是为了满足英国签证与移民局所规定的特殊操作性要求而开设的考试，后者是针对特殊工种的技术移民和其他投资类移民的考试。

可以看出，雅思考试的设计具有很强的针对性，针对不同目标群体，研发不同用途的语言测试，通过多种类型的考试满足多元化群体的需求。

2.3 考试技术现代化

考试技术的现代化是伴随着计算机技术的飞速发展而实现的。

2.3.1 托福考试的技术现代化

20 世纪 90 年代，正值托福考试发展的第四阶段（1995—2005），考试技术开始显现出现代化的优势。托福计算机考试（CBT）于 1998 年出现，在世界上大多数地区取代了纸笔考试（PBT）[①]。托福计算机考试（CBT）不单纯是用计算机来代替纸笔考试。它有两种出题方式：因人而异型和直线型。在因人而异型部分（即听力部分与结构题部分），计算机会专门选择一组同应试者水平相当的题。应试者对每一道题的回答都会决定下一道题的难易程度。在这个部分，应试者每次

---

① 当时纸笔考试（PBT）仍然被亚洲的大多数国家采用。

只能看一道题。任何一道题出现在计算机显示屏上时应试者都必须回答而不可以越过此题或是修改前面做出的答案。在阅读理解考试部分，计算机为每一个应试者选一套覆盖了从易到难各个难度的题。题目选择是随意的，不考虑应试者的能力水平。这个部分允许跨越做题并可返回到前面的题目或修改前面做出的答案。

托福发展的第五阶段，美国教育考试服务中心于 2005 年 9 月向全球推出托福网考，此考试形式同时在中国全面实施。托福网考是基于互联网的测试，考生通过处于互联网中的计算机进行操作并回答问题。考试通过互联网与美国教育考试中心组成一个局域网，为每个考生发出不同的考题，通过电子方式记录答案后，将答案传输到人工评分网络进行评分，从而确保了考试的公平合理。考试不设题库，考试题目仅使用一次。在托福口语考试中，考生所说的英语被当场录音，由电脑进行数字化处理后，通过互联网发到美国教育考试中心进行评分。

2.3.2 汉语口语考试的技术现代化

汉语口语考试（SCT）由北京大学和培生公司（Pearson）协作开发，旨在运用自动信息处理技术测试汉语口语水平。该考试可以在任何时间、任何地点通过电话或计算机进行，不需要人工评分，自动评分可即时生成客观、可靠的结果，可以说是汉语口语考试领域的一次革新。

汉语口语考试总时长约 25 分钟，在计算机或电话上进行。考试共 8 个题型：声调词语、朗读、重复、问答、声调识别（词）、声调识别（句子）、组句、短文重述，共 80 道试题。

可以说，汉语口语考试完全利用现代信息技术进行施测和评分，在口语考试这类主观性考试的客观化操作和评分方面进行了创新性实践。

2.4 考试服务人性化

考试具有一定的服务功能，考试服务的人性化具体体现在多个方面。

2.4.1 考试设计的完善

关注考试设计的合理性与人性化，关照考生的感受和体验，是考试服务功能提升的重要体现。托福考试在其发展的第三阶段，不仅注意考试内容效度的合理性，而且更加注重考试的表面效度（face validity）。例如：在听力理解开始部分，将原来过分冗长的说明取消，直接对答题要求进行说明，在考试时间不变的情况下，增加有效考试时间；同时，在试卷翻页和 A、B 两部分的过渡和结束时，配上悦耳的音乐，使考生过分紧张的心情得以缓解，让考生的水平尽可能在自然状态下得到发挥。

2.4.2 利用新技术发挥多模态优势

21 世纪以来的新托福考试使用计算机进行语言测试，其中一个较大的优势就在于阅读测试时字体颜色的区分。计算机测试中，阅读的文章及题目对所要考察的词汇使用彩色阴影（一般是黄色）加以区别，以引起考生的注意；对部分题目中涉及的句子使用高亮背景（high light）显示，方便考生在解题时查阅。另外就是对题干中的否定词使用大写字母，尽可能地减少对应试者构成的答题障碍。新托福阅读考试在答题时，题目和文章在屏幕的左右栏中分别显示，可以利用滑块和鼠标上下滑动显示。新托福听力测试在正式测试之前，有一个试听的过程，因为是一人一机测试，每一位应试者可以根据自身情况按照显示屏上的说明调整音量的大小，已经调整好的音量在整个听力考试过程中也可以根据临时需要再进行调整。新托福考试为了方便考生，保留了办公软件（Microsoft Word）中的剪切、复制和粘贴功能。

托福考试研发和实施的历程和理论依托，反映出语言测试与现代语言学理论、心理测量学理论以及社会实践等诸多学科之间的协调和统一。托福考试发展至今，无论是在测试的研发设计理念上，还是在测试的实施形式上，都体现了交际语言测试理论和现代化网络测试技术的实践和运用，这也再次证实了语言观和现代信息技术对语言测试发展的巨大推动力。

2.4.3 分数报告和解释的人性化

实用汉语水平认定考试（C.TEST）的突出特点之一是它在成绩报告单和证书上面的创新。实用汉语水平认定考试的个人成绩报告单提供了很多有用的信息，比如应试者本人选择的答案、标准答案以及每个题目的答对率。实用汉语水平认定考试的证书不仅提供了应试者获得的分数和证书级别，还为考生的实际汉语水平提供了诊断性的评价，这将有助于应试者准确认定自己的汉语实际水平。

2.5 小结

通过回顾总结以上语言能力测试的发展实践历程，可以看出，当前国际语言测试学界的现状如下：

（1）在研发理论方面，依据交际语言能力测试理论，注重对考生运用语言知识进行语言交际的能力进行测试，在测试的设计和研发上，力求设置语言交际的语境和情景，具有真实性和互动性，实现听、说、读、写语言技能的融合。

（2）在研发思路方面，探索多元化的研发理念，针对不同群体，不同考试目的，研发具有针对性的语言测试。

（3）在增强考试的服务功能方面，测验研发者已经意识到来自考生和用户的需求，在测试分数的解释上，在成绩报告单的详细信息说明上，在为考生提供能力诊断性评价上都做出了尝试和努力。

（4）现代化计算机网络技术已经逐步应用到语言测试领域。托福大规模考试已经实现了计算机网考，汉语口语考试在网考方面也做出了革新，雅思考试网考正在逐步试点当中。可以说，利用现代化网络技术进行考试已经是必然趋势，测试开发者需要认识到这一趋势，在测试研发中要考虑这一重要因素。

三、未来语言能力考试的思考

基于上述对国内外大规模语言考试的发展历程的回顾，本研究认为，未来语言能力考试的研发，应注意深化理论探索、完善测评体系、改进技术手段、增强服务意识。

3.1 深化理论探索

不同时期的语言研究和语言观对语言测试的发展起到了重要作用，语言观的变迁推动语言测试从前科学阶段逐步发展为当前的交际语言测试阶段，实现了科学化的质变过程。进入 21 世纪以后，语言测试进入以认知语言学、心理测量学、计算机信息技术等为基础的信息化测试时代，语言测试的理论基础呈现出多样性和多元化特征。国民语文能力测试不仅要学习和借鉴国际著名的测试理论，更要立足语文的本体特征，构建国民语文能力测试的理论体系。同时，测试研发者需要密切关注学科的动态发展，推动语言测试的科学化和信息化进程。

3.2 完善测评体系

探索多元化的研发理念是未来国民语文能力测试体系建设的核心。针对国民的不同群体、不同的考试目的研发具有针对性的语文能力测试，才能满足不同的需求。从不同群体的角度，国民语文能力测评可以分为面向基础教育阶段国民的测评、面向高等教育阶段国民的测评等。从不同的考试目的的角度，国民语文能力测评可以分为非选拔性考试和选拔性考试。例如目前国内针对基础教育阶段（四、八年级）学生的语文素养能力监测就属于非选拔性考试，国内的高考语文则属于选拔性考试。只有建立分级分类的测评体系，才能更好地研发和实施国民语文能力测试，更加科学、合理地诊断与评价我国国民语文能力的现状，为语文教育的改进和国民语文素养的提升提供全面、准确的信息。

3.3 改进技术手段

测试领域的重大变革之一是基于计算机的测试的出现。基于计算机的测试的优点是测试不受时间和地域限制。题目保存在测试服务机构的服务器上，通过网络可以传到任何地方，被试随时可以在计算机终端接受测试。

目前，由于题库建设、选题策略等问题，大规模标准化测试还很少使用计算机自适应测试，而大多采用计算机线性测试。建议今后研发的国民语文能力测试可以从计算机线性测试开始，随着题库建设的完善以及选题策略的提高，逐步改进计算机测试的呈现方式。

3.4 增强考试的人性化和服务意识

无论是高风险的选拔性考试，还是低风险的基本素养测评，考试都应具备人性化特征。建议学习和借鉴美国学业能力倾向测试（SAT）自 2009 年起实行的"分数选择制"。考生可以根据自身情况和意愿参加任何一次考试，可以自由选择将自己的哪次成绩及哪些科目的成绩作为高校申请依据。这种做法能减轻考生心理压力，有助于考生发挥出真实水平，对于考生正确认识自己的语文素养和语文能力都具有正向的积极意义。

此外，考试具有服务考生、服务社会的功能，测试研发者有义务向考生和社会提供分数的详细信息和解释。《欧洲语言共同参考框架》（CEFR）对划分出的每个等级都做了详细的能做描述（can-do）。实用汉语水平认定考试（C.TEST）设计了人性化的成绩报告单，详细报告考生得分情况，并为考生提供诊断性评价和学习指导建议。实践证明，这些举措得到了考生和用户的欢迎。未来的国民语文能力测试在研发和实施方面还需加强服务意识，尽可能为考生提供解释、诊断、指导和建议等专业化服务。

参考文献

柴省三 2015《中美留学生教育招生考试体系对比研究》，《中国考试》第5 期。

陈章太 2007《语言规划研究》，北京：商务印书馆。

陈章太 2007《论新时期语言文字工作的方针任务》，《语言规划研究》，陈章太主编，北京：商务印书馆。

董学峰 2016《国家语言战略背景下的汉语国际推广研究》，东北师范大学学位论文。

韩宝成 2000《语言测试：理论、实践与发展》，《外语教学与研究》第 1 期。

金力 2011《计算机辅助大学英语口语测试研究》，《外国语文》第 4 期。

郤毅 2015《浅析中美大学入学考试机制》，《中华少年》第 28 期。

李筱菊 1997《语言测试科学与艺术》，长沙：湖南教育出版社。

李宇明 2005《中国语言规划论》，长春：东北师范大学出版社。

吕晓轩 2016《语言哲学视阈下的语言测试发展研究》，东北农业大学学报（社会科学版）第 3 期。

孙德金 2007《汉语水平考试（HSK）的科学本质》，《世界汉语教学》第

4 期。

张凯 2002《语言测验理论与实践》，北京：北京语言文化大学出版社。

赵琪凤 2016《汉语水平考试的历史回顾及研究述评》，《中国考试》第 9 期。

赵世举 2015《语言与国家》，北京：商务印书馆。

Bachman, L.F. 1990 *Fundamental Considerations in Language Testing*, Oxford: Oxford University Press.

Bachman, L.F. & Palmer, A.S. 1999 *Language Testing in Practice*, 上海：上海外语教育出版社。

Fulcher, G. 2003 *Testing Second Language Speaking*, London: Pearson Education Limited.

Spolsky, B. 2000 *Measured Words*, 上海：上海外语教育出版社。

Underhill, N. 1987 *Testing Spoken English: A Handbook of Oral Testing Techniques*, Cambridge: Cambridge University Press.

NAEP、SAT 与中国高考的写作测试

北京语言大学　　　陈瑾

一、NAEP、SAT 与中国高考的写作测试

美国国家教育进展评估（The National Assessment of Education Progress，简称 NAEP）也被称为"国家教育报告卡"，它是了解美国中小学生知识和能力的大型国家级成绩测量体系。自 20 世纪 60 年代启动至今，NAEP 已走过 50 个年头了，它由美国教育统计中心（NCES）来管理，由美国教育考试服务中心（ETS）在全国范围内实施。目前测试的学科主要包括阅读、数学、写作、公民学等，除了基本的成绩测试之外，NAEP 还包括了对性别、种族、家庭经济条件等背景问题的问卷调查，以便对学生成绩做进一步的归因或总结分析。写作是 NAEP 的重要组成部分，根据 NAEP2017 写作评价框架，写作测试主要有三个目标：一是鼓励学生组织思维，运用语言，进行有效交流；二是鼓励学生运用电脑软件进行写作；三是评价学生在给定的时间内根据具体的要求完成写作任务的能力。目前我国的基础教育测试评估尚处于发展阶段，还未形成像 NAEP 一样大规模的全国性的评估体系，部分省市有针对性地对本省市中小学生进行基础教育测试，

但未形成标准化、规模化的体系，因此本文在此不做述评。

学术能力评估测试（Scholastic Assessment Test，简称 SAT），和 NAEP 一样，也是由美国教育考试服务中心（ETS）定期举办的考试，它的成绩是世界各国高中生申请美国学校及奖学金的重要参考，因此也被称为"美国高考"。该考试于 1926 年在美国第一次举办，迄今为止，已有八十多年的发展历程，经历了 1994 年、2005 年和 2016 年三次重大的改革。写作测试的改革主要集中在后两次。2005 年，SAT 新增了写作测试，分为多项选择题和作文两个部分。多项选择题主要考察考生逻辑修改能力和行文中语法的运用能力，采用选对得分、选错倒扣分的评分原则；作文为命题作文，采用整体评分原则，主要考察考生语言表达能力和论证能力。2016 年，SAT 的写作部分取消多项选择题，命题作文改为文本分析作文且成为选考项目。

从 1978 年开始，中国恢复高考，至今已有四十年。高考作文作为每年语文试卷必考、所占分值最高的题目，也走过了四十年。从一开始的缩写、改写、读后感、看图作文，到后来的命题作文、话题作文、材料作文，高考作文命题一直不断地在改革探索，发展创新。高考作文体裁丰富多样，既有记叙文、议论文，也有说明文、应用文等。在作文命题上，既坚持国家统一命题，又实施上海、北京、江苏等部分省市自主命题。

二、以 NAEP 为代表的基础教育写作测试概述

NAEP 写作测试一般分为以下三类：劝说类写作，说服某人改变观点和采取行动；解释类写作，向他人解释信息或观点以帮助他人理解；传递经验类写作，向他人传递自己的经验。

在所有的写作测试的题目中，NAEP 都具体说明了写作对象。不

同的测试年级，写作对象也有所不同。四年级学生的写作对象可能是同龄人、老师和父母等，八年级学生的写作对象可能是校长、编辑、公务人员等，十二年级学生的写作对象可能是社区领导、政府官员、州长等。但无论如何，读者意识都被认为是写作层面非常重要的能力要素，实现交流是写作非常重要的目的。在写作测试题目中，根据写作目的和读者对象恰当地选择合适的体裁和写作技巧，是需要测试的重要能力。

在 2017 年写作评定框架中，NAEP 对写作的评价标准主要包括三个方面：观点的展开、观点的组织和语言的流畅与规范。

表 1　2017 年 NAEP 对写作的评价标准

观点的展开	观点的组织	语言的流畅与规范
深度和复杂性 构思和写作的方法 细节和例子	文本结构 连贯性 重点	句子结构和句子多样化 词语的选择 语态和语气 语法、惯例和技巧

写作部分的评分采用整体评分法，强调对文章整体进行评分，不会就个别部分评分，也就是说，文章总分不是每个写作要素的分数之和，而是对以上三个方面的整体性评价。2017 年 NAEP 写作评价标准对文章按照由低到高 6 个评分点进行评分，它们清楚地规定了不同评分点之间的差距。

三、SAT 与中国高考写作测试的对比

1. 写作能力的考察形式

2016 年改革后的新 SAT 写作部分取消了多项选择题，只有一篇文本分析作文题（Essay）。测试时间从 25 分钟增至 50 分钟，分值

从 240 分升至 800 分。测试方式从原来的话题写作改为材料分析写作，给出的材料分为提示语（Prompt）、源文本（Source Text）和任务（Assignment）三个部分。每次考试提示语、任务的内容基本相同，源文本的材料一般是一篇改编后的文章。考试一般会要求学生从材料中找出支持论点的证据，依据给定的提示语和任务对源文本进行分析。另外，新 SAT 的写作部分从必考项目改为选考项目，考生是否参加写作测试，不取决于自己的意愿，而是由申报的高校决定。

我国高考写作题均为作文形式，无客观题。2005 年以前，高考作文的形式一般为命题作文或有明确方向的话题作文，如 2005 年作文题要求考生以"忘记和铭记"为话题写一篇文章。2006 年以后，高考语文开始采用新材料作文的形式。考生可以在整体理解材料的基础上进行写作，也可以选择从给定材料中的一个角度构思作文。可以看出，与美国相比，我国高考作文命题开放性较强，没有明确的对源文本的要求，形式更为广泛，但也隐含着考查不明确、考生可能宿构和抄袭的问题。

2. 写作测试考察的内容和能力

如上文所说，改革后的新 SAT 写作由三个部分组成：提示语（Prompt）、源文本（Source Text）和任务（Assignment）。写作测试的提示语是："阅读文本，想想作者如何运用论据（如事实或例子）推导出自己的论点，如何建立论据和论点之间的联系；想想文章的写作体裁和说服性话语如何增强文章的表现力；想想作者如何完成自己的论证以及如何说服读者。"源文本一般是 650—750 字，难度符合高中生的阅读水平，内容多为中学生日常生活可接触的或感兴趣的话题，涉及艺术学、自然科学、社会科学、历史学、政治学等领域。源文本一般不会明确表达对某一现象或观点的态度，而是在表达过程中微妙地陈述观点。任务则是要求考生分析源文本的作者如何立论、如何说服读者相信自己的论点；要求考生分析源文本的作者如何增强论述的逻辑性和说服力；要求考生在此基础上完成一篇完整、清晰、连贯的作文，考生不需要在作文中表明自己是否同意源文本作者的观点。

改革后的 SAT 作文主要考察考生的阅读技能、分析技能和写作技能。阅读维度主要考察考生对源文本的理解；分析维度主要考察考生对源文本的论据、论证过程、体裁、修辞、词汇诸方面的评价；写作维度主要考察考生的文字运用能力和论证能力。

目前我国高考作文考查的能力可以归结为阐释能力、发现问题的能力和解决问题的能力。（张开，2018）2010 年北京卷的"仰望星空与脚踏实地"就是体现阐释能力的作文样例。考生需要根据给定的话题范围确定写作中心，并尽可能调动自己的知识资源和背景，对主题进行丰富和完善。2006 年以后出现的材料作文则更多地考察发现问题的能力，如 2009 年辽宁卷的"明星代言"，作文材料中提供一些情境，让学生发现问题并进行论述。这类作文题主要考查学生提炼问题、确定观点的能力。解决问题的能力在这一时期较受学界关注，而材料作文无疑是考查学生是否有解决问题的能力和创新精神的重要方式。如 2016 年全国 II 卷作文"语文素养提升大家谈"，引导学生思考语文学习的问题。可以看出，与美国相比，我国高考作文考查的范围较广，但针对性不强。

3. 写作测试分值体系及评分标准

由于改革后的 SAT 作文主要考察考生的阅读技能、分析技能和写作技能，因此在阅卷时，评分员也是从这三个维度进行评分。阅读技能维度主要关注考生是否充分理解源文本，包括中心论点、重要细节以及两者的关系；分析技能维度主要关注考生是否有针对性地分析源文本的论据、论证过程、体裁、修辞和词汇等；写作技能的维度主要关注考生作文的结构、句式、用词以及书面表达水平。

新 SAT 作文是由两名高中英语教师或大学英语教师阅卷。评分员采用分项评分法，对考生的阅读、分析、写作三项技能分别打分，评分范围在 1—4 分内，考生三项技能的最终得分取两名评分员的评分均值。如果两名评分员给考生某项技能的评分差超过 1 分，就由级别更高的第三名评分员再进行评分。值得注意的是，考生的阅读、分析、写作三项技能都是在各自维度内单独计分，每项技能的满分为 4 分，三项技能的原始分不会直接相加。

我国高考作文等级评分标准及《考试大纲》规定的考试范围与要求见表 2。

高考作文满分 60 分，其中内容、表达、特征各占 20 分，评分员主要是从这三个维度进行评分。与美国 SAT 评分标准相比，我国高考的评分量表较大，评分标准也更注重文体内容，对论证及逻辑思辨能力的考查略有欠缺。

四、对我国基础教育写作测试的启示

美国 NAEP 写作评定框架自 1969 年至今，历经多次改革，对美国中小学写作教育和评价产生广泛深远的影响。

NAEP 对我国基础教育写作测试的启示是：

第一，NAEP 将写作测试的目标定为鼓励学生进行有效交流、运用电脑软件进行写作、在给定的时间内根据具体的要求完成写作任务。这些能力对学生的学业发展和就业后的职业发展都至关重要，这是学生需要学习掌握的基本能力，需要在中小学阶段就明确培养。在我国，写作一般被认为是一种艺术创作，写作能力的培养也主要以更好地表达观点、情感为主要目标，相比之下，实用性较弱。教师、学者、考

表2 高考作文等级评分标准、考试范围与要求

高考作文等级评分标准					考试范围与要求
		一等（20—16分）	二等（15—11分）	三等（10—6分）	四等（5—0分）	
基础等级	内容20分	符合题意 中心突出 内容充实 思想健康 感情真挚	符合题意 中心明确 内容较充实 思想健康 感情真实	基本符合题意 中心基本明确 内容单薄 思想基本健康 感情基本真实	偏离题意 中心不明确 内容不当 思想不健康 感情虚假	符合题意 符合文体要求 感情真挚， 思想健康 内容充实， 中心明确 语言通顺， 结构完整 标点正确， 不写错别字
	表达20分	符合文体要求 结构严谨 语言流畅 字迹工整	符合文体要求 结构完整 语言通顺 字迹清楚	基本符合文体要求 结构基本完整 语言基本通顺 字迹基本清楚	不符合文体要求 结构混乱 语言不通顺，语病多 字迹潦草难辨	
发展等级	特征20分	深刻 丰富 有文采 有创意	较深刻 较丰富 较有文采 较有创意	略显深刻 略显丰富 略有文采 略有创意	个别语句有深意 个别内容较好 个别语句较精彩 个别地方有新意	深刻 丰富 有文采 有创意

试研发人员需要思考的是：哪些能力是中小学生必备的基础能力？哪些能力是更高阶段需要的专门能力（如文学创作能力）？更明确地、更有针对性地考察学生的写作能力，才能更好地引导教师的写作教学，更有效地培养学生的基本写作能力。

第二，在设计写作任务时，NAEP 明确规定了写作交流的目标读者，并推荐了写作技巧及体裁。写作评价框架中也一再地强调读者意识，将写作定位为人际交往的工具，表明了对文章结构的安排、写作技巧的选择、语言的运用都必须以满足交际目的为基本前提，都要依从于写作目的，都要有利于向读者传递自己的观点和想法。

因此，NAEP 对学生作文的评价是从满足不同的写作目的、实现与不同读者的有效交流，也即从表达效果的角度出发的。我国的写作评价更多地是从文体的角度出发的，这样的评价容易对表达的方式方法关注过多，却忽视了表达的真正目的和实际效果。

五、对我国高考写作选拔方面的启示

高考的职能是为高校选拔人才，高考作文测试的本质是评估学生的作文水平。因此，高考作文无论怎么改革，其目标都是为了提高评估学生作文能力的科学性，更好地为高校选择合适的生源。如何使写作测试符合这一要求，我们可以借鉴美国 SAT 考试的部分经验。SAT 写作测试对我国高考写作选拔的启示是：

第一，美国 SAT 写作测试着意于对大学学习能力的培养，特别是对学术精神和学习能力的培养，因此作文考题内容广泛，包括文学、艺术、运动、政治、技术、科学、历史、时事等各领域的话题，但都不需要考生具备专业背景知识。SAT 写作考试主要考查学生提出观点并用各种具体表达手段加以支持分析的能力，重视的是学生思路的构建过程，特别是如何处理论点和论据之间的逻辑关系。写作就是将自己的思维用文字有条理地、清晰地表述出来，这样一种能力是大学学习所必需的能力。相比而言，我国现行的高考作文题目没有针对大学学习能力进行考查，因此缺乏一定的实用性，尤其是逻辑说理分析能力未能在写作考试中明确测试出来。我国高考写作测试主要考查的是语言运用和情感表达，忽视了对考生理性思维创造力的考察。我们需要考虑到，当下社会需要什么样的人才？大学需要培养什么样的人才？这是确定命题时首先要考虑的。考试选拔出来的不应是记忆背诵的机器，也不应是只关注语言形式的浅薄人才，而是具有学习能力和社会适应能力的综合性人才。我国高考作文命题应该把握住这一点。

第二，美国 SAT 写作测试一个突出的特点就是要求学生有读者意识和目的意识。2016 年改革之前，大学理事会要求 SAT 写作测试的考生"想象你正在与这个短文作者交谈，你同意还是反对他或她"，"你有权自由使用'我'"等。2016 年改革之后，写作测试要求考生分析作者是如何论证自己的观点的，包括如何与文本的读者对话，揣摩读者大概会在什么问题上存有疑问，读者最想知道什么道理，读者可能会反驳什么，等等。也就是说，写作是双方对话，不是自说自话，必须以逻辑、说理为交流基础。我国高考写作测试从根本上说都仍局限于文章知识的范围，培养的仍然是文章写作能力，没有能够把"写作的本质是交际性"作为作文教学的重点。读者意识需要从小培养。

第三，SAT 作文题成为选考题是面对当前多元的高校招生的有效应对策略。将决定权交到高校手中，能让高校更多地掌握招生的自主权，能更有针对性地选拔人才。我们认为，我国高考作文改革也可考虑增强高考作文的选择性。鉴于我国普通高中教学的统一性以及写作能力的必要性，我国不能简单直接地把作文改为选考项目，但可以把作文划分为"必考＋选考"两个部分。考生依据所报考高校、专业的要求进行选考。这或许可以成为以后高考作文改革的新模式。

第四，SAT 的写作评分采用小评分量表模式，总分为 6 分，而我国高考写作总分为 60 分，属于大评分量表。与小评分量表相比，大评分量表虽然分数点较多，但并不能很好地区分考生，反而使评分员在评分时更易"趋中"。60 分制中，很多的分数值用不上，带来了更大的误差，影响了考试评分的准确性和公平性。评分量表的设计对作文评分效果有很大的影响，应该引起考试设计者的关注。

写作作为考查语言输出能力的重要手段，在我国的许多大规模教育考试中占据重要地位。无论是试题研发还是数据收集以及后期的标准评价，我们都需要借鉴国外先进的命题和评价经验，同时也要让教育测量统计等相关技术在写作测试中发挥更大的作用。

参考文献

关丹丹 2016《高考作文改革与评分误差控制：基于测量学的视角》，《中国考试》第 5 期。

李英杰 2012《美国 NAEP2011 写作评价框架评介》，《语文建设》第 17 期。

刘菊华 2015《美国 SAT 写作：2005 年与 2016 年改革比较研究》，《教育与考试》第 3 期。

任富强 2012《逻辑和说理是基本的公民能力——SAT 写作考试的学理审视》，《语文学习》第 3 期。

张开 2012《高考语文作文的类型及评价标准》，《上海教育评估研究》第 3 期。

赵静宇 2015《从写作要求和评分标准看高考作文的症结》，《课程·教材·教法》第 3 期。

赵阳、蔡敏 2009《2011 年写作评定框架——美国国家教育进展评估改革动向》，《世界教育信息》第 7 期。

PISA 阅读素养测评框架发展概况

北京语言大学　　鲁倩文

一、PISA 简介

PISA（Programme for International Student Assessment）是一项国际化标准评估计划，是由经济合作与发展组织（Organization for Economic Cooperation and Development，简称 OECD）统筹其成员国及其他一些国家共同开发的。PISA 的评估对象是即将完成义务教育的、年龄在 15 岁左右的在校学生，主要测评阅读、数学、科学三个领域的内容。PISA 不仅仅关注学生对于学校课程的掌握，而且关注学生进入成人生活所需要的重要知识和技能，因此，跨课程能力评估是 PISA 的一个重要组成部分。评估的重点是学生对概念的理解、对过程的掌握以及应对各种情况的能力。

PISA 测试总共包含了七个小时左右的测试项目。学生可参加不同的测试项目组合，完成两个小时的纸笔测试。测试项目由多项选择和开放性的问题组成。完成纸笔测试之后，学生需要用 20—30 分钟完成一份关于他们自己背景的问卷，学校校长也需要完成一份关于学校情况的问卷。PISA 的评估周期是三年一次，每个周期都会将阅读、数学和科学中的某一个领域作为深入研究的一个主要测评领域，将另外两个领域作为次要测评领域，三分之二的测试时间用于评估主要领域。2000 年以阅读素养测评为主，2003 年以数学素养测评为主，2009 年以科学素养测评为主。

二、PISA 的特点

PISA 的主要目的是评估年轻人在阅读、数学和科学等领域获得的成年生活所需的更广泛的知识和技能的程度，因此不针对具体的知识范围进行测评，跨能力的评估是 PISA 评估的重点。PISA 之所以主张评估更广泛的知识和技能，首先是因为虽然具体的知识获取在学校学习中很重要，但要将这些知识应用于成人生活中，关键取决于个人对更广泛的知识和技能的获取能力。如在阅读中，形成对书面材料的理解能力以及对文本内容和质量的反思能力是核心技能。其次，PISA 作为一项国际性的评估项目，如果仅仅将评估的范围限制为学校课程的内容，将无法让参与评估的各国政府更好地了解到其他国家教育体系的优势与创新之处。最后，PISA 认为学生需要掌握一系列更广泛的技能来面对未来的挑战，包括沟通能力、适应能力、灵活性、解决问题和使用信息技术的能力。这些技能是跨课程发展的，因此对它们的评估也需要跨课程的关注。

PISA 测试的基础是终身学习的动态模型，在这个模型中，成功适应不断变化的环境所必需的新知识和技能是在整个生命周期中不断获得的。学生不可能在学校里学到他们在成人生活中需要知道的一切。他们必须获得的是在未来生活中成功学习的能力。学生必须能够组织和规划自己的学习，学会独立学习和小组学习，克服学习过程中的困难。因此，PISA 不仅关注学生每一次的表现，也通过问卷的方式收集学生更多的信息，从而从更多的角度分析学生的表现，更准确地评价学生的能力水平。

PISA 不仅仅是一项测评学生阅读、数学和科学素养的跨国合作评价项目，从长远的角度来看，PISA 每三年一轮的评估所收集的数据能够监测参与国家学生知识和能力发展的情况，从而为各国的教育改革及创新提供真实、全面的数据。PISA 能够提供各种不同的指标，如学生知识和技能的基本指标，人口、社会、经济和教育等环境指标等。

三、PISA 阅读素养测评框架基本概况

3.1 阅读素养的定义

PISA 在 2000 年第一次实施，一共有 32 个国家参与测评，其中有 28 个经合组织（OECD）成员国，这些国家的人口加起来占世界人口的四分之一以上，比迄今任何国际教育评估所涵盖的国家都要多。PISA2000 的主要测评领域是阅读，在 PISA2000 的测评框架中首次介绍了 PISA 阅读素养的定义。之前，已有两项国际阅读素养评估项目对阅读素养作了定义。国际教育成就评估协会的阅读素养研究（IEA/RLS）将阅读素养定义为：理解和使用社会、个人的书面语言形式的能力。国际成人素养调查对阅读素养的定义是：利用印刷和书写的信息在社会中发挥作用，实现自己的目标，开发自己的知识和潜能。这两个项目对于阅读素养的定义侧重于将书面或印刷文本用于社会需要或个人目的，从而开发知识和潜能的能力。但是，这两个定义都没有强调学生在理解和使用信息方面积极主动的作用。因此，PISA 对于阅读素养的定义是：阅读素养是理解、使用和反思书面文本，从而实现自己的目标，开发自己的知识和潜能，并参与社会的能力。"阅读素养"一词能更准确地向非专业人士传达评估所衡量的内容。为了强调

阅读是互动的，PISA 对于阅读的定义在基于"理解"（来自 IEA/RLS）和"使用"（来自 IEA/RLS 和 OCED/IALS）的基础上增加了"反思"一词，也就是学生在阅读时，需要根据自己的想法和经验对文本的内容和形式进行思考。书面文本是指印刷、手写或电子显示的文本，包括图形、图片、地图、表格等，但不包括电影、电视、动画或无文字的图片。

3.2 PISA 阅读素养测评框架

PISA2000 选取了情境、文本、测试题目三个维度来构建阅读素养的测评框架。在 PISA 阅读素养评估中，情境可以被理解为根据任务的预期用途、任务中与他人的隐式或显式关系以及总体内容对任务进行的分类。阅读情境可以分为私人阅读、公共阅读、工作阅读以及教育阅读。私人阅读主要是为了满足自己的兴趣和需要，或为了维持与他人的联系，内容通常包括个人信件、小说、传记、娱乐活动的一些材料等；公共阅读主要指阅读官方文件、关于公共事件的信息。PISA2000 的测评框架指出，虽然只有部分孩子需要工作目的的阅读，但是工作阅读任务是很重要的，因为这些阅读任务与完成直接任务密切相关。评估青少年进入职场的意愿也很重要，因为他们中的许多人将在一到两年内进入劳动力市场。

PISA 阅读素养测评提供的文本分为连续文本和非连续文本。连续文本通常由句子组成，这些句子依次排列在段落中，这些段落可能也适合放入更大的结构中。非连续文本最常见的形式是列表组合的矩阵格式。按照文本内容和作者的写作目的，连续文本可以分为描述、叙述、说明、议论、指示、超文本（含有指向其他文本链接的文本）。非连续文本可以从结构和形式角度进行分类，从结构上可以分为简单列表、组合列表、交叉列表、嵌套列表等，从形式上可以分为表格、图表、广告、证明等。

PISA 阅读素养评估包括问题或指令的设计、学生回答的形式以及评分的标准三个方面。问题或指令的设计，主要从宏观和微观层面进行考虑。从宏观角度来看，PISA 阅读素养评估将衡量学生五个方面的能力：检索信息、一般性理解、形成解释、反思文本的内容、反思文本的形式。从微观角度来看，在评估学生以上五个方面的能力时，纳入对三个过程变量的考察：（1）所需资料的类别，指的是学生识别出的能够成功回答评估问题的信息类型。题目所要求的资料越具体，学生就越容易判断这项任务。（2）类型的匹配，指的是学生处理文本从而正确回答问题的方式。它包括将问题中的信息（给定的信息）与文本中的必要信息（新信息）联系起来的过程，以及从可用信息中识别或构造正确回答所需的过程。（3）合理性的干扰，这一点主要涉及文本中的资料与问题中所要求的资料有一个或多个共同点，但不能完全满足题目所要求的内容的程度。当文本中没有干扰信息时，任务被认为是最容易完成的。

在具体的评估框架中，对于不同情境题量的分配，PISA 阅读素养评估降低了工作阅读情境所占的比例，个人阅读、公共阅读和教育阅读平均分配。文本类型方面，连续文本内容占 66%，非连续文本占 34%。在连续文本中，解释性文本占最大的比例，为 33%，指示性文本占最小的比例，为 7%。在非连续性文本中，图表和表格占最大的比例，均为 33%，广告占最小的比例，为 6%。对于学生五个方面能力的考察中，形成解释占比例最大，为 30%，检索信息与一般性理解均占 20%，反思文本的内容和反思文本的形式均占 15%。问题类型设置上，多项选择题占 55%，开放性回答占 45%。

在完成阅读素养的评估后，PISA 将从多种角度对结果进行报告，因此除了学生全面阅读素养量表之外，还将从文本类型（连续和非连续）和宏观方面进行报告。阅读素养评估还包括对学生的问卷调查，通过问卷调查收集学生的相关信息，主要是关于学生阅读实践和兴趣的信息、涉及元认知的某些信息、技术在学生生活中的作用等。

四、第一轮 PISA 阅读素养测评框架的发展（2000—2006）

PISA 在 2000 年第一次实施，以阅读为主要测评领域，数学和科学为次要测评领域。PISA2000 形成了完整的阅读素养测评框架，PISA2003 和 PISA2006 对于阅读素养的测评都是基于 PISA2000 的阅读素养测评框架来实施的。PISA 在 2000 年的测评框架中提出，PISA 是一个基于终身学习理念开发的动态评估框架，因此会随着时代的发展不断改进和完善。2003 和 2006 年的 PISA 阅读素养测评中，对于阅读素养的定义及测评框架与 2000 年相同，但具体测评内容及题型的分配上与 2000 年有一些差异。

PISA2003 的测评框架指出，对书面材料的解释能力和对文本内容、质量进行反思的能力是阅读素养的核心技能。PISA 对阅读素养的测评中，采用连续文本和非连续文本两种类型。在 PISA2000、PISA2003、PISA2006 每一轮的测评中，连续文本阅读任务占三分之二，非连续文本任务占三分之一。由此可以看出，PISA 阅读素养的测评对于连续文本的阅读更加关注，这也体现了测评框架对于学生解释文本和反思文本能力的关注。PISA2000 中，说明类文本占连续文本任务的 36%，叙述类文本占 21%，议论类文本占 20%，描述类文本占 14%，指令类文本占 10%。PISA2003 和 PISA2006 对于阅读素养的测评中，连续文本任务主要是说明、叙述和描述类文本，没有议论和指令类文本。在 PISA2003 和 PISA2006 中，说明类文本类型占连续文本任务的 67%，其次是叙述和描述类文本，分别占 17%。可以看出，当阅读作为次要测评领域时，连续文本的任务设计以说明类文本为主，体现了 PISA 阅读素养以评估学生形成解释的能力和进行反思的能力为核心。在 PISA2000 中，图表占非连续文本的 37%，表格占 29%，略图占 12%，地图占 10%，信息表占 10%，广告占 2%，在 PISA2003 和 PISA2006 中，表格占 40%，信息表占 30%，图表占 20%，地图占 10%，没有略图和广告。可以看出，PISA2003 和 PISA2006 中非连续文本以表格和信息表为主。

PISA2000 测评框架指出，阅读素养主要评估学生五个方面的能力，即：检索信息、一般性理解、形成解释、反思文本的形式、反思文本的内容。PISA2003 和 PISA2006 延续了这一说法。PISA2000 考察一般性理解和形成解释的能力占 49%，考察检索信息的能力占 29%，考察反思文本的形式和反思文本的内容的能力占 22%。PISA2003 和 PISA2006 考察一般性理解和形成解释的能力占 50%，考察检索信息的能力占 29%，考察反思文本的形式和反思文本的内容的能力占 21%。可以看出，对于一般性理解及形成解释的能力的评估占较大比重。每一次的测评中，PISA 都很好地注意了对于阅读核心能力的考察。

PISA 阅读测试题目，有多项选择题、复杂多项选择题、封闭式问答题、开放式问答题四种类型。PISA2000 中，多项选择题占 42%，开放式问答题占 44%，封闭式问答题占 9%，复杂多项选择题占 6%；PISA2003 和 PISA2006 中，多项选择题占 29%，开放式问答题占 43%，封闭式问答题占 21%，复杂多项选择题占 7%。可以看出，三次评估都以多项选择题和开放式问答题为主。在 PISA2003 和 PISA2006 中，多项选择题比例有所下降，封闭式问答题比例有所上升，但是总体上仍然是多项选择题和开放式问答题占比最多。PISA 阅读情境有私人阅读、公共阅读、教育阅读、工作阅读四种类型。PISA2000 中，公共阅读占 38%，教育阅读占 28%，私人阅读占 20%，工作阅读占 14%。PISA2003 和 PISA2006 中，教育阅读占 29%，工作阅读和公共阅读均占 25%，私人阅读占 21%。PISA2000 中，公共阅读和教育阅读占比相对较大，而 PISA2003 和 PISA2006 中四种情境占比相对平均。

梳理 2000 年、2003 年、2006 年的 PISA 阅读素养评估框架，可以看到：2000 年，阅读作为主要的测评领域，已经形成较为完善的评估体系；2003 年和 2006 年，阅读作为次要的评估领域，在主要的定义及评估内容上依然延续 2000 年建立的体系，没有较大的更改，但在具体内容的设计上有所变化。一次 PISA 评估大约两个小时，在阅读作为主要评估领域时，有三分之二的时间用来评估学生的阅读能力，因此 2000 年的阅读素养评估在文本类型、题目类型的设计上能够包含更丰富的内容，而 2003 年和 2006 年阅读素养评估中，连续性文本类型主要以说明、叙述和描述类三种文本为主，非连续性文本主要以表格为主。PISA 阅读素养评估框架指出，对书面材料的解释能力和对文本内容、质量进行反思的能力是阅读素养的核心技能。因此，在阅读作为次要测评领域时，虽然测评的文本类型减少了一些，但是仍然以评估学生一般性理解和形成解释的能力为主，体现了 PISA 对于阅读核心技能的关注。

五、第二轮 PISA 阅读素养测评框架的发展（2009—2015）

2009 年 PISA 实施第四次测评，阅读再次成为主要测评领域。PISA 是一个动态测评框架，经过近十年的发展，阅读素养测评框架需要根据实际情况进行调整和完善，因此，在 PISA2009 中，阅读素养测评框架在之前三次测评的基础上进行了一些更新。2009 年新版本的阅读素养评估框架主要有两处修改：一是整合了电子文本的阅读，将电子文本阅读的评估也纳入了评估框架中；二是阐述了阅读投入和元认知的构建。

PISA 阅读素养测评框架的调整反映了 PISA 对阅读本质理解的扩展和世界的变化。PISA2000 的阅读素养测评框架简要地提到了电子文本，指出预计电子文本将在未来的调查周期中使用。随着社会的发展，技术的进步，电子文本在个人、社会和经济生活中出现得越来越多，数码世界对人们的阅读能力提出了新的要求，因此，PISA2009 的测评框架中加入了对电子阅读的要求，同时也对阅读文本和阅读过程进行了重新定义。

阅读和阅读素养的定义随着社会、经济和文化的变化而变化。学习的概念，特别是终身学习的概念，改变了人们对阅读素养的认识。读写能力已不再被认为是在幼年上学时获得的能力。相反，它被视为个人在生活中通过与同伴的互动以及在更广泛的环境中建立起来的一套不断扩展的技能。PISA2009 的测评框架指出，和阅读相关的技能、态度、兴趣、习惯、行为在最近的一些研究中已经被证明与阅读能力密切相关。例如，在 PISA2000 中，阅读能力和阅读投入（包括态度、兴趣和实践）之间的关系比阅读能力和社会经济地位之间的关系更密切。PISA2000 对于阅读素养的定义是：阅读素养是对书面文本理解、运用和反思以达到自己的目标、发展自己的知识和潜力，并参与社会活动的能力。PISA2009 对这一定义进行了调整，将阅读素养定义为：阅读素养是理解、运用、反思和参与书面文本，以实现个人目标、开发个人知识和潜能，并参与社会活动的能力。PISA2009 测评框架指出，一个有阅读能力的人不仅拥有良好的阅读技能，而且还具有将阅读进行实际运用的能力。教育的目的不仅在于培养学生的阅读能力，而且在于培养学生对阅读的兴趣。在这种背景下，参与意味着阅读的动机，它由一系列的情感和行为组成，这些情感和行为包括对阅读的兴趣和享受、对阅读内容的控制感、参与阅读的社会层面，以及多样化和频繁的阅读实践。

PISA2009 仍然从四种情境来考察学生的阅读素养，即私人阅读、公共阅读、教育阅读、工作阅读。由于加入了对电子文本阅读的评估，文本种类可从四种角度分类：（1）介质：印刷和电子；（2）环境：编写的和基于消息的；（3）文本格式：连续、非连续、混合、多重；（4）文本类型：描述、叙述、说明、论证、说明书、事务交流。PISA2009 测评框架指出，电子文本与书面文本的区别有：物理可读性；读者在任何时候可见的文本量；文本的不同部分和不同文本通过超文本链接相互连接的方式。在电子文本阅读的过程中，学生需要构建自己的阅读路径，以完成与电子文本相关的阅读活动。文本分类中对于环境的分类主要是针对电子文本阅读而言的。电子文本存在于许多环境中，如网页、电脑桌面、电子邮件、手机短信和电子日记。PISA2009 只考虑基于计算机的环境。为评估电子文本的阅读能力，PISA 已经确定了两种广泛的电子环境。它们之间的区别取决于学生是否有可能影响网站的内容。编写的环境是学生最容易接受的环境，内容不能被修改。基于消息的环境是指学生有机会添加或更改内容的环境。编写的环境中，文本具有固定的内容，这些内容由商业公司、政府部分、组织、机构、个人控制或发布，学生使用这些网站主要是为了获取信息。另外，在基于消息的环境中，学生被邀请以某种方式参与进来，内容在某种程度上是流动的或协作的，可以由个人以某种方式添加或更改。学生使用这些网站不仅是为了获取信息，而且也是为了交流。基于消息的环境中的文本对象包括电子邮件、博客、聊天室等。

文本格式主要分为连续文本和非连续文本两大类。虽然在 PISA 2000 测评中使用了一些混合文本和多重文本，但它们并没有被单独分类，而是按照连续或非连续元素进行描述。PISA2009 在连续文本和非连续文本的基础上增加了混合文本和多重文本。在纸质媒介中，混合文本通常是杂志、参考书和报告。在电子媒介中，作者的网页通常是混合文本,这种混合文本由列表、散文段落和图形组成。多重文本是指那些独立生成的,并且有独立意义的文本,它们可以在特定情况下进行合并,或者为了评估的目的而松散地联系在一起。它们可能是互补的,也可能是相互矛盾的。在纸质文本评估中,文本分为连续文本和非连续文本两类,其中约三分之二的文本为连续文本,三分之一的文本为非连续文本。相比之下,在电子文本阅读评估中,多文本的阅读任务占比较大。这主要是由于电子阅读重点评估超文本阅读,学生需要阅读多个文本(可能是不同的网站的页面或同一网站不同的页面)。电子阅读评估中,只需要局部处理单个文本的任务数量相对较少。在 PISA2009 中,纸质文本中连续文本占 60%,非连续文本占 30%,混合文本和多文本各占 5%;电子文本中多文本占 70%,连续文本、非连续文本、混合文本各占 10%。由此可以看出,对电子文本的阅读主要考查多文本类型,这体现了网络阅读的基本特点。

PISA 阅读素养主要考查学生五个方面的基本能力。在 PISA2009 中这五方面的基本能力融合为三个方面的内容,即:访问和检索、整合和解释、反思和评估。电子文本阅读除了考察以上三个方面的能力,还增加了对综合能力的考察。在 PISA2009 中,纸质文本阅读中对整合和解释的考察占 50%,对访问和检索、反思和评估的考察各占 25%;电子文本阅读中对整合和解释的考察占 35%,对访问和检索的考察占 25%、对反思和评估的考察占 20%,对综合能力的考察占 20%。可以看出,电子文本阅读能够考察学生更多方面的能力,能在一项任务中综合考察学生的多种能力。

除了增加对于电子文本阅读素养的评估外,PISA2009 阅读测评框架中还增加了对于阅读投入和元认知的构建的阐述。PISA2009 阅读测评框架指出,阅读素养的发展并不局限于技能和知识的发展,阅读素养还包括动机、态度和行为。关于 PISA2000 的研究结果显示,学生的阅读投入水平与他们的阅读能力正相关，且显著相关。阅读投入与阅读能力之间的相关性最大，甚至超过了阅读能力和社会经济地位之间的相关性。PISA2009 阅读素养测评框架将电子文本阅读作为重要的组成部分。为了达到评估纸质阅读和电子阅读学生参与度的目标，PISA2009 提出了一个统一的框架，这个框架包括两方面的内容：个体参与和教育情境。

　　参与概念的基础在于自我决定理论。自我决定理论认为，个体在自我决定的时候发展得最好，在这种状态下，他们拥有与自己文化相适应的价值观和目标，同时仍然有能力和信心指导自己的行动。个体在自我决定的时候具有内在的动机，能够为了阅读本身的目的和价值而阅读，为了各种兴趣和目的而广泛阅读。个体阅读投入是指学生阅读的动机属性和行为特征。目前的研究表明，积极参与阅读的学生能形成良好的兴趣：他们重视对阅读的控制，重视自主的阅读活动；他们依靠社会网络来扩大他们的能力和分享他们的知识和经验；他们经常广泛地阅读。因此，阅读参与包含四个操作性特征：(1) 对阅读的兴趣：具有阅读文学和信息文本的乐趣；(2) 感知自主性：对阅读活动、选择和行为的感知控制和自我导向；(3) 社会互动：阅读和互动的社会目标；(4) 阅读练习：阅读活动的数量和类型。PISA2009 将课堂阅读投入定义为：课堂阅读投入是指学生对教师、课堂和学校对其阅读的动机属性和行为特征的支持的感知。课堂阅读投入的两个特征是相关性和自主性支持。对于阅读参与的评估主要通过问卷的方式来实施。在 PISA2009 中收集与阅读能力相关的元认知方面的信息，可以提供用于提高阅读素养的信息，从而为决策者提供改善教育的策略。阅读中的元认知是指在以目标为导向的方式处理文本时，对各种适当的策略的认识和运用。PISA2009 评估把一些阅读情境提供给学生，学生被要求评估不同文本的质量，以此来收集学生在元认知方面的信息。

PISA2009 对阅读素养的测评框架进行了更新和调整，使得阅读素养测评框架更加完善。2012 年和 2015 年，阅读是 PISA 的次要评估领域，对于阅读素养的评估都是基于 2009 年的框架来进行的。2012 年阅读素养评估基本与 2009 年保持一致，2015 年的阅读评估主要通过电脑进行，因此将纸质文本与电子文本的分类改为固定文本与动态文本的分类。在 2015 年的阅读评估中，只通过线上的方式测试了固定文本，而没有测试动态文本，也就是说，没有测试 2009 年提出的电子文本，也没有收集阅读参与和元认知的数据。因此，2015 年阅读素养评估是一次从纸笔测验转向计算机测验的尝试。可以看出，PISA 一直都在紧跟社会变化发展的趋势，不断地更新和完善测评体系。

六、PISA2018 阅读素养测评框架

2018 年，阅读第三次成为 PISA 评估的主要领域，阅读素养评估框架也再一次进行了修订。修订后的阅读素养评估框架以当代阅读素养理论为基础，考察学生如何在广泛的语境中获取和使用信息的能力。不断发展的技术改变了人们阅读和交换信息的方式，要求人们能够适应迅速变化的环境，从不同的信息源中去发现和学习。PISA2018 测评框架指出，未来的学生需要熟练掌握电子工具，这样才能在日益复杂和数量不断增加的信息中获取需要的信息。这就需要扩大阅读素养的定义。阅读既包括基本的阅读，也包括更高层次的数字阅读。PISA2018 的阅读素养测评框架进一步将传统的阅读与因信息技术发展而出现的新形式阅读结合起来。PISA2018 的阅读素养测评框架首先对阅读的定义进行了完善，将定义中的"书面文本"直接改为"文本"，扩大了阅读素养评估的内容范围，增加了"评估"，反映了信息化时代的要求。

除了对阅读素养定义的修订，PISA2018 阅读素养测评框架继续

强调学生阅读动机、实践以及元认知的重要性及其与阅读能力的密切关系。要提高阅读素养，需要有一系列广泛的阅读过程。这些过程反过来又要求学生具备一定的认知技能、策略和动机。PISA2018 阅读素养测评框架进一步将阅读素养评估的过程系统化，从阅读的认知过程入手，构建了阅读认知过程体系，将阅读过程中涉及的关键技能融合在一个体系之中。在设计 PISA 阅读素养测评框架时，要考虑的最重要的两个因素是：第一，确保阅读内容和阅读目的的广泛覆盖；第二，在文本和任务中表现出自然范围的难度。PISA2018 阅读测评体系建立在文本、过程、情境之上。PISA2018 定义了两大类阅读过程：文本处理和任务管理。文本处理分为阅读流利度、定位信息、理解、评估和反思；任务管理分为制定目标和计划、监控、调节。PISA2018 阅读测评框架明确指出，阅读流利度不同于文本理解。阅读流利度指准确、自动地阅读单词和连接文本的能力，以及对这些单词和文本进行处理从而理解文本的整体含义的能力。流畅的阅读可以释放注意力和内存资源，这些资源可以分配给更高层次的理解过程。相反，阅读流利度的不足会将资源从理解转移到处理印刷文本所需的低级过程，从而导致阅读理解能力的下降。定位信息指访问和检索信息、搜索和选择相关文本。理解指对字面意思的理解、整合并得出结论。评估和反思指评估文本的质量和可信度、反思文本的形式和内容以及发现和处理矛盾。PISA2018 阅读评估是对 PISA2009 阅读评估的四个方面的内容（即访问和检索、整合和解释、反思和评估以及综合能力）的进一步扩展和完善，考察的内容更加丰富，更有体系性。PISA2018 阅读测评框架对目的性阅读活动中涉及的认知过程进行了全面而详细的分类，从而能够更好地评估学生的阅读素养。

七、结语

通过对历次 PISA 阅读素养测评框架的梳理可以看出，PISA 作为一项国际化的评估项目，从对阅读素养的定义到对阅读素养测评框架的构建，再到测评的实施，都具有非常科学严格的标准。PISA 广泛借鉴已有的与阅读相关的理论及实证研究，时刻关注社会的发展，不断调整对阅读素养的定义，不断更新整个评估体系。在评估实施方面，从纸笔测验到转向计算机测验，体现了 PISA 具有国际化的视野，关注当代技术发展，不断与时俱进，适应社会发展。我们应该从中借鉴有益的理论和评估方法，促进我国阅读素养测评体系的发展与完善。

参考文献

OECD1999 *Measuring Student Knowledge and Skills: The PISA 2000 Assessment of Reading, Mathematical and Scientific Literacy,* Paris: OECD Publishing.

OECD2003 *The PISA 2003 Assessment Framework: Mathematics, Science, and Problem Solving Knowledge and Skill,* Paris: OECD Publishing.

OECD *The PISA 2009 Assessment Framework: Key Competencies in Reading, Mathematics and Science,* Paris: OECD Publishing.

OECD *Assessing Scientific, Reading and Mathematical Literacy: A Framework for PISA 2006,* Paris: OECD Publishing.

我国中小学语文口语交际能力测评初探[①]

北京语言大学　　　赵琪凤

　　语言是交际的工具，其最本质的功能就是社会交际功能，而交际最典型的模式就是口头语言表达。联合国教科文组织指出，21 世纪人才必须具备的三大素质为：学会生存、学会学习、学会交际。口语交际是交际的重要组成部分。在倡导以学生学习为中心，以课堂学习与实际运用为前提的课程教学理念中，单靠纸笔考试来评估学生的语文能力是不全面的，考试的信度和效度必然会受到质疑。因此，把口语交际测试纳入语文能力测评的范围内，是毋庸置疑的。《义务教育语文课程标准（2011 年版）》中明确规定口语交际为课程目标之一，强调口语交际能力是现代公民的必备能力。学生口语交际能力的培养和测评备受关注，与其相应的语文口语交际能力结构研究和测评体系的建构有待深入研究和论证。

[①]　本文原载于《考试研究》2018 年第 5 期。

一、口语交际能力的研究与界定

Tepper（1978）将口头交际定义为"二人或多人之间通过言语和非言语方法传达或接受想法、观点、感情和态度的一种活动"（转引自邹申，2005）。口语活动具有以下六个方面的特点：第一，交互性（interactiveness）。口语活动是一种群体行为，在大部分场合中需要有交际对象，通过互相交流传递信息。第二，即时性（spontaneity）。大多数的口语活动需要参与者听到别人的话语后立即做出反应，回答对方的问题，或就对方的观点发表意见。口语活动的即时性不允许参与者有精心的准备时间，因而犹豫、口误等现象在所难免。第三，目的性（purposefulness）。人们进行口头交际都是为了达到某一既定目的。第四，副语言因素（paralinguistic features）。有的时候，说话者的意图是借助于语调、重音或音量的变化等副语言因素来表达的。第五，非语言因素（non-linguistic features）。说话者有时用手势、目光接触、面部表情等体势语达到传递信息的目的。第六，听力与口语的不可分割性（inseparability of listening from speaking）。听与说是密切相连的，除了自言自语和个人演说以外，大多数的口语表达都涉及双方或多方的信息交流。讲话者的信息传入听话者耳中，听话者弄清讲话者的意图后做出反馈。因而，从某种意义上说，听力理解水平的高低直接影响口语交际的质量（邹申，2005：308）。显而易见，口语交际能力是一种立足于交际的综合能力。

二、我国中小学语文口语交际能力构成研究

根据前人对口语交际能力的界定（杨红兵等，2001；陆小平，2006；薛荣，2009），结合新课标的总体要求，我们可以看到，在界

定我国中小学语文口语交际能力的构成要素方面，有以下三点值得进一步深入思考：第一，根据新课标中对学生"学会倾听"的要求，我们对口语交际能力的培养和测评不能脱离听力理解能力这一关键要素。第二，学生在口语交际的"表达与交流"方面，具体包含哪些因素和要点，需要进一步探究和细化。第三，根据新课标中"文明沟通""发展合作精神"的要求，我们需要充分考虑口语交际中的副语言因素和非语言因素，在口语表达的得体性和社会性方面予以重视和研究。具体来讲，本研究认为可以将中小学语文口语交际能力细化为四方面的能力：

（1）听力理解能力。口语交际中离不开听的能力，具体表现在：第一，学生的听辨能力，包括辨音、理解、判断的能力，也就是能听清听懂别人的说话内容。第二，学生的听力理解能力，学生在辨音的基础上，能正确理解所听话语的内容，并能迅速抓住要点。第三，学生听后的评判能力，学生在理解的基础上对话语的要点能做出及时的反馈和恰当的分析。

（2）口头表达能力。说话是传情达意的基本手段。口头表达能力具体表现在：第一，使用普通话表达时，在语音、语调、语速等方面要规范。第二，清楚明白地表达自己的意思，能描述事件、转述内容要点等。第三，能运用重音、停顿、节奏等副语言要素作为手段来传情达意，使用说话的策略技巧，使语言更具感染性。

（3）结合视、听、说的综合思维能力。听不是对语音的单纯感知。听是言语所引起的复杂的智力活动过程，包括感知、记忆、理解、思维等心理反应。边看边听边想，才能理解别人说话的要点、重点，辨别婉转含蓄的言辞，懂得言外之意。因此，口语交际需要视、听、说的综合思维能力，说话人要根据所看所听，对内容进行分析、综合、选择和筛选，需要有快速思维的能力，同时具备思维的条理性和逻辑性。

（4）口语交际的得体性、社会性。"在学生的口语交际过程中，他们总得借助一定的方法，伴随着一定的情感态度，具有一定的价值取向，这是一种客观存在"（倪文锦，2002）。评价学生的口语交际能力，要在具体的交际环境中进行，并给予学生有实际意义的交际任务，考查其参与意识和情感态度。所以，对学生情感态度和价值观的评价也是口语交际能力测评的一部分，不可忽视。学生在表达中体现出的得体性、互动性、合作性、社会性，都与其情感、价值观有着直接关系。例如学生在口语交际中表达的自信心、礼貌程度、主动请教的行为、积极配合交流等，都是得体性、社会性的反映。

总之，研究和探索中小学语文口语交际能力的构成，需要整合语言学知识、认知心理学、社会语言学等多学科的知识，将语言表达的听、说、读、写有机结合起来，在平等与互动的原则下，综合考虑口语交际能力的测评。

三、国外语文教育中对口语交际能力的关注与测评

除了从文献和课标角度进行分析和思考外，国外目前比较成熟的语文口语交际能力测试的开发和设计，同样为我们更全面、深刻地研究口语交际能力提供了参考依据。通过对欧美国家以及亚洲国家语文教育的了解与总结，我们发现当前各国研发的语文口语交际能力测试，具有如下特点：

（1）采用听说结合的方式考查口语交际能力。我们搜集到的相关资料显示，美国、英国、法国、韩国、新加坡等都非常重视语文口语交际能力的教学和测评（吴逸敏，2007），并一致采用听说结合法作为基本方式测试学生的口语交际能力。

（2）利用多媒体技术，设置多种交际情景，从多模态的角度立体考查口语交际能力。在这方面，美国和英国的口语交际能力测评体现得更为突出。美国的语文教育，注重学生在日常活动中培养听力、想象力和思维能力，让学生在视听不同的媒体时表现出相应的视听技能，并从视听材料中获取信息，识别作者的风格，扩大词汇量，并对所听内容进行评论，表达自己的思想。英国的语文教学将听、说、读、写四项技能的融合运用作为学生语言水平达标的标志。总体而言，欧洲国家普遍重视学生在各种情境中的语言表达，会利用计算机等多媒体设备，营造不同的话语情境，锻炼学生在不同情境下的口语交际能力，这同样也是对学生表达得体性的全面考察。

（3）注重学生口头表达的条理性。英国的语文教育非常重视学生说话中语言的组织、表达的条理性，使用词汇的恰当程度和语音语调的正确性。法国的语文考试分为口语和听说两种考试。其中，口语考试的主要内容为文学作品赏析系列，学生需要朗读一段短文，指出阅读内容的特点和意义。学生需要掌握复述和概括大意的技巧，并有条理地进行口头表达。从上述国家和地区的语文教育目标和测评标准来看，学生运用本国语言进行口语交际的能力是教学和考核的重要内容之一。口语交际离不开听觉活动和视觉活动，可以说，视听说在口语交际中是有机联系的。

四、我国中小学语文口语交际能力测评的研发设想

（一）构建口语交际能力测评指标体系的原则

测评指标体系的建构关乎整个口语交际能力测试的研发，具体涉及测试结构、题型、内容等的设计与架构。它是测试研发的重要基石，需要遵循一定的原则。

（1）综合性原则。口语交际能力包括听力理解能力、看材料理解能力以及口语表达能力，同时涉及学生的兴趣、情感、态度、习惯等诸多方面。口语交际能力指标体系应全面覆盖这些内容，从而全面地培养学生的口语交际素质。

（2）导向性原则。口语交际能力指标体系具有导向性，全面的指标体系可以帮助学生认识到口语交际能力的各个方面，增强学生主动发展的内部动力，激发学生参与各种交际活动的兴趣，更好地让学生认识自我、发展自我、完善自我。

（3）科学性原则。建构口语交际能力指标体系，首先需要对口语交际能力的界定做大量的理论梳理和调查研究，深入中小学语文教学一线获取资料信息，在此基础上，结合语言学、教育学、认知心理学等学科的理论知识，形成口语交际能力的指标体系框架。

（4）可操作性原则。能力指标体系中的各项指标的确立和描述，都应当具有可操作性，力求简便易行，适用于语文教学、口语交际课堂等各个环节，确保教师和学生都能够积极参与。

（二）语文口语交际能力结构及测评指标体系的建构

探索中小学语文口语交际能力测试，首先需要定义口语交际能力的结构内涵，并明确能力结构的层级关系。从广义来说，中小学语文口语交际能力应包括中小学生在口头交际中表现出来的表达能力、参与态度和行为习惯。具体到中小学口语交际能力的构成，我们首先构拟了一个总体的框架，将口语交际能力分为能力、态度和习惯三个方面，每个方面都细化了其目标分项。

表1 语文口语交际能力结构

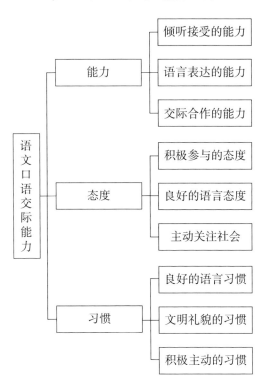

上述九种能力既互相独立，又密切关联，共同构成语文口语交际能力。

（三）中小学语文口语交际能力测评指标的具体组成

在口语交际能力结构的基础上，结合测评指标的可操作性原则，我们需要具体确定口语交际能力的测评指标。本研究将测评指标分为三级，一级指标由知识与技能、过程与方法、情感态度三部分组成，二级指标由八个考察点组成，三级指标则是对每一个二级指标进行细化分解（详见表2）。

表2 中小学语文口语交际能力测评指标

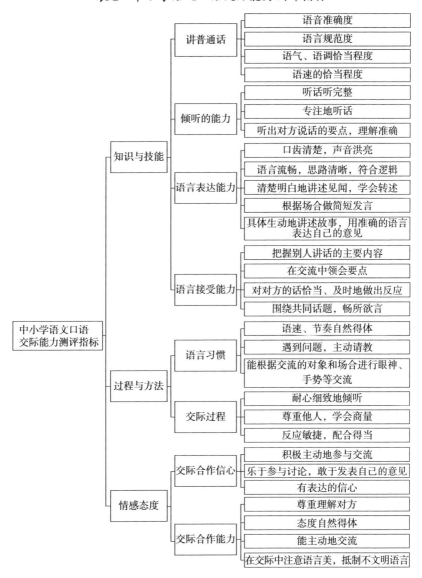

中小学语文口语交际能力测评指标

知识与技能

讲普通话
- 语音准确度
- 语言规范度
- 语气、语调恰当程度
- 语速的恰当程度

倾听的能力
- 听话听完整
- 专注地听话
- 听出对方说话的要点，理解准确

语言表达能力
- 口齿清楚，声音洪亮
- 语言流畅，思路清晰，符合逻辑
- 清楚明白地讲述见闻，学会转述
- 根据场合做简短发言
- 具体生动地讲述故事，用准确的语言表达自己的意见

语言接受能力
- 把握别人讲话的主要内容
- 在交流中领会要点
- 对对方的话恰当、及时地做出反应
- 围绕共同话题，畅所欲言

过程与方法

语言习惯
- 语速、节奏自然得体
- 遇到问题，主动请教
- 能根据交流的对象和场合进行眼神、手势等交流

交际过程
- 耐心细致地倾听
- 尊重他人，学会商量
- 反应敏捷，配合得当

情感态度

交际合作信心
- 积极主动地参与交流
- 乐于参与讨论，敢于发表自己的意见
- 有表达的信心

交际合作能力
- 尊重理解对方
- 态度自然得体
- 能主动地交流
- 在交际中注意语言美，抵制不文明语言

本研究对口语交际能力测评指标进行了具体划分。一级指标从学生的知识掌握情况、交际过程情况、情感思想情况三大方面进行划分。二级指标细化为八种能力，分别对应于一级指标的三个主要方面。三级指标更加具体，在可操作性方面更加突出，对于评分标准的制定更具有指导意义。这些不同层级的指标共同组成了口语交际能力测评体系。

口语交际能力测评指标除了可以指导基础教育阶段的语文口语教学之外，还可以指导口语交际测试。与此同时，口语测试的实施又可以反过来校验口语交际能力测评指标的有效性，促进口语交际能力构成框架的修订和完善。

（四）中小学语文口语交际能力测评体系的研发

探讨和建构与中小学语文口语交际能力相配套的测评体系，目的在于更好地培养我国基础教育阶段学生的口语交际能力。中小学语文口语交际能力测评体系建设是一个系统工程，涉及测试的研发理念、测评形式、结构、等级设置、评分标准等诸多内容。

（1）研发理念。我国中小学语文口语交际能力测评，旨在考查我国中小学生在各种交际场合文明地进行人际沟通和社会交往，从而完成交际目的的口头表达的能力。

根据当前学界关于语文口语交际能力测评的研究，本研究认为，我国中小学语文口语交际能力测评的研发理念应立足口语交际的设计原则，综合语言学、心理学、修辞学、社会学等多学科的理论观点，在研究制定详细的测评指标体系的基础上，结合中小学生的语言和思维的发展阶段和特点来研发针对这一特定群体的口语交际能力测试。该考试应定位为低利害的诊断性测试，不过多涉及选拔与择优，不过多增加中小学生的学业压力。

（2）测试形式与等级设置。我国中小学学生人数众多，大规模的口语考试，建议根据各地区实际情况，分地区采用半直接式口试或间接式口试。

在经济发达地区，可以利用网络和计算机等设备，采用半直接式口语考试。半直接式口语考试采用计算机录音的手段，通过录音机发出指令对考生给出测试指导、讲话提示或其他刺激，主考官并不真正出现，目前考生规模巨大的托福口语考试就采用半直接式考试形式。

在我国经济欠发达地区，则采用间接式口语考试，也就是通过发放口语试卷的形式，让考生通过阅读口语试卷上的指令和话题要求，进行口语表达，考生的口语录音可采用计算机或录音机录制。

在我国中小学语文口语交际能力测试的等级设置方面，本研究认为可以采用通行的三等六级，即初等（一级、二级）、中等（三级、四级）、高等（五级、六级），每一等级都需要对等级特征进行描述和说明。

（3）试题设计及考试程序。中小学语文口语交际能力测试要根据不同的考试形式开发不同的试题题型。例如在半直接式口试中，可以研发适合于听后说或视听后说的题型，通过计算机技术创设各种口语交际情境，从而实现对学生口语交际能力的测评。而在间接式口试中，则需要借助于纸质试卷的呈现方式，学生通过阅读试卷文本接受信息。间接式口试方式的试题题型与半直接式口试方式的试题题型需要不同的研发思路。

在考试程序方面，为了最大限度地保证考试的公平性，无论是采用半直接式口试，还是间接式口试，都需要设计标准化的程序和测试任务。口语考试程序可由热身、正式考察和结束三个阶段组成。

热身的目的是为了缓解应试者的紧张情绪，以便开展进一步的口语表达。这部分的内容以自我介绍和简单回答个人情况为主。

正式考察阶段作为口试的主要阶段，要最大限度地挖掘考生的口语交际能力。要根据不同的考试组织形式，开发不同类型的话题题型，引导考生进行口语交际表达。通过听后说、视听后说、读后说等题型，使学生在获得视觉刺激和听觉刺激的同时，获取一定的话题信息量和背景材料，在此基础上，学生将综合运用口语交际能力进行口头表达，发表意见，表达观点。

设置结束阶段的目的是为了友好地完成整个口试，恢复考生的自信心。这个阶段的试题应以个人爱好、假期计划等轻松愉快的问题为主，通过这一阶段，考生的自信心将得到恢复。

整个考试用时以 7 分钟以内为宜。热身阶段用时约 1 分钟，正式考察阶段用时约 5 分钟，结束阶段用时约 1 分钟。

（4）评分与诊断性评价。口语考试作为一项主观性考试，评分标准的制定关乎考试的可靠性和有效性，科学的评分标准对于准确地测试学生的口语水平至关重要。在评分标准的制定方面，本研究认为要树立从整体出发全面衡量口语表达能力的宏观理念，采用整体评分法进行评分。评分标准的细则可以从口语表达中的接收信息、产出信息、社会性三个方面深入探索。第一，在口语交际中，交际双方不仅仅在产出话语，同时也在获取信息。因此，通过视听途径接收信息的能力、理解能力决定了交际是否能够顺畅进行。听不是对语音的单纯感知，听是言语所引起的复杂的活动过程，包括感知、记忆、理解、思维等心理反应。由此可见，学生视听的能力，决定了他对话题背景信息的理解和加工程度，从而影响接下来的口语产出水平。第二，在视听的基础上，结合获取到的信息进行口头表达，体现了学生遣词造句、即兴表达的能力。同时，学生通过表达观点、阐明态度、陈述理由等，体现出逻辑思维能力。可以说，学生的口语交际是综合能力的体现。

第三，口语交际离不开交际对象和交际环境，口语交际具有鲜明的社会性特征。话语的得体性、良好的语言习惯和参与态度，都体现出学生整体的素养和口语交际能力。

在口语交际能力测试的评价方式上，本研究认为，应以诊断学生水平和督促学生发展为指导原则，采用即时性评价与发展性评价相结合的方式。即时性评价不受时空限制，符合口语交际的即时性特点。发展性评价的意义在于关注学生口语交际能力的发展过程，在追踪中及时发现问题，改进问题，通过及时的沟通、调整和干预，进而了解学生口语交际能力发展的实际需求，帮助学生认识自我，建立口语表达的自信，从而有效地指导学生形成良好的语言表达态度和表达习惯，使学生的口语交际能力得到提升和发展。（张敏强等，2003）

总之，不论是即时性评价，还是发展性评价，都离不开定量和定性研究。在确立中小学语文口语交际能力测试分数体系的基础上，要进一步对分数等级进行较为详细的等级描述，并对每一位考生给出有针对性的诊断性评价。例如，结合评分标准和测评指标体系，尤其是三级指标中呈现的具体内容，从语言表达能力、倾听接受能力、交际习惯、合作互动等方面进行具有强针对性的诊断，并提供带有示例性的说明，从而帮助学生有针对性、有方向性地提升口语交际能力。

参考文献

王荣生 2012《语文课程目标：转化与具体化——基于〈义务教育语文课程标准（2011 年版）〉的语文教学建议》,《中小学管理》第 4 期。

邹申 2005《对考试效应的认识与对策——兼谈高校英语专业四、八级考试大纲的修订原则与方案》，《外语界》第 1 期。

杨红兵、张国珍、张增甫、帅学芬 2001《高年级学生口语交际评价研究》，《考评与测试》第 4 期。

陆小平 2006《口语交际评价的研究》，《语文教学》第 1 期。

薛荣 2009《论交际口语测试及其评分方法》，《外语教学》第 6 期。

倪文锦 2002《关于新课标中评价建议的对话》，《新课标》第 9 期。

吴逸敏 2007《语文听说能力测评的研究与思考》，《当代教育科学》第 4 期。

张敏强、刘晓瑜 2003《中小学课程的改革与评价考试体系的完善》，《教育研究》第 12 期。

语文核心素养是高考的"垫底酒"

福建教育学院　　　应永恒

先看2016年高考古诗鉴赏试题:

阅读下面这首唐诗,完成8、9题。

金陵望汉江

李白

汉江回万里,派作九龙盘^①。

横溃豁中国,崔嵬飞迅湍。

六帝沦亡后^②,三吴不足观^③。

我君混区宇,垂拱众流安。

今日任公子,沧浪罢钓竿^④。

[注]①派:河的支流。长江在湖北、江西一带,分为很多支流。②六帝:代指六朝。③三吴:古吴地后分为三,即吴兴、吴郡、会稽。④这两句的意思是,当今任公子已无须垂钓了,因为江海中已无巨鱼,比喻已无危害国家的巨寇。任公子是《庄子》中的传说人物,他用很大的钓钩和极多的食饵钓起一条巨大鱼。

8.诗的前四句描写了什么样的景象？这样写有什么用意？（6分）

9.诗中运用任公子的典故，表达了什么样的思想感情？（5分）

　　相对来说，全国卷的古诗鉴赏题常常是拉分题，而2016年的古诗鉴赏题又是近年来最难的题目。古诗鉴赏题，难在理解。第8题的理解难度在"横溃豁中国，崔嵬飞迅湍"这两句上，这两句又难在"横溃豁"上。第9题更难，难在用典上，虽有较长的注释，但如果学生不知用典有活用和反用，则最多只能得一半分。如果平时教学能培养学生的语文素养，则这个难点就能轻而易举地化解掉。

　　李商隐的《锦瑟》是最难教的课文，难在典故的化用。"庄生晓梦迷蝴蝶"也出于《庄子》。《庄子·齐物论》："昔者庄周梦为蝴蝶，栩栩然蝴蝶也，自喻适志与！不知周也。俄然觉，则蘧蘧然周也。不知周之梦为蝴蝶与，蝴蝶之梦为周与？"学生单单了解典故原意是不能解决问题的，因为《锦瑟》用的不完全是原意。请看2007年浙江省的语文高考试题：

　　阅读下面一则寓言，写出寓意。（3分）

　　庄周梦见自己变成蝴蝶，感到自由自在，于是他积极修炼，终于化成了蝴蝶。蝴蝶日日为食物奔波，还要防备天敌。蝴蝶很怀念曾经是庄周的日子。

　　很明显，这则改编了的寓言就和庄子的原意有很大的不同，意在告诉学生，用典可以用原意，也可以活用甚至反用。又如李白使用庄子这个典故的一首诗：

古 风

李白

庄周梦胡蝶，胡蝶梦庄周。

一体更变易，万事良悠悠。

乃知蓬莱水，复做清浅流。

青门种瓜人，旧日东陵侯。

富贵故如此，营营何所求。

这首诗是李白组诗《古风五十九首》的第九首，全诗写了一个梦和一个人。这个梦，指的就是中国文学史上有名的《庄子·齐物论》的蝴蝶梦。在李白的诗中，这个梦已经活用为人生如梦，梦如人生了。这个人，指的是邵平，他前后命运落差很大。邵平秦时袭封东陵侯，是一位食邑千户的贵族，秦亡后，失掉侯禄，沦为平民，卜居长安城东青门外，成为种瓜老农。而他对这种变化，坦然接受。李白通过议论，表达了这样一种观点：世事人生，变化无常；贫富穷达，本应如此；苦苦追求，徒劳无益。面对世事无常的变化，李白流露出了自己的无奈和幻灭之感。在这首诗里，李白不像庄子那样旷达超脱，而是失望和沮丧。李商隐一生受知于他人，也受制于他人，进退失据，悲愤无比，面对世事，真可谓是"后不知前，此不知彼"。由此，我们不难理解何以李商隐特意强调一个"迷"字。李商隐在很大程度上借用了李白对这一个典故的理解，而不是直接使用《庄子》蝴蝶梦的本意。

学生如果了解了以上这些内容，考 2016 年的古诗鉴赏题就易如反掌了。以语文核心素养立意，回归本然，高考就不在话下了。

"语言的建构与运用""思维的发展与提升""审美的鉴赏与创造""文化的传承与理解"被确定为学生语文素养的四个核心要素。这四个要素既各自独立，又相互依存，既各有侧重，又相互融通。语文核心素养是未来课堂教学和高考命题的风向标。我们是从以下四个方面把语文核心素养落实到教学中的。

一、语言的建构与运用：从文字到文化

在核心素养中，语言的建构与运用是学生语文素养的基石。语言的建构与运用，需要学生在丰富的语言实践中，通过主动学习，掌握祖国语言文字的特点及其运用规律，形成个体的经验，并能将具体的语言作品置于特定的历史文化情境中去理解、分析和评价。

教学中，文言字词的解说，向来枯燥、乏味，引不起学生兴趣。若能巧用说文解字法，依文字特点阐明字源，衍伸字义，并将文字置于当时文化情境中去讲解，既能提高教师的语言文字功底，也能使学生触类旁通，领悟汉字独特之美，从而增强对祖国语言与文化的热爱之情。

解说《论语十则》"学而时习之，不亦乐乎"时，我们将 𓏸 与 𓏹 做成课件，让学生辨析古代字义与现代字义的不同："学"字甲骨文由两手与"爻"组成。爻与《易经》、古代占卦有关，《广雅》说，"学，识也"，《说文》说，"学，觉悟也"。甲骨文、战国简中"习"的上部是"羽"，下面是"日"，表示鸟常在飞。朱熹注：鸟数飞也。杨伯峻注：实习。李泽厚注：实践。因而，孔子"学而时习之，不亦说乎"这句话，并不是我们平时说的学习要时常温习的意思，它表达的是一种行为的变化，强调"学"与"习"的差异性，隐含着从理论到实践的过程。依托 𓏸 𓏹 两字的篆文及古注，这样的学习较之于机械的实词记忆，要生动得多，有趣得多，它还培养了学生形象思维和逻辑思维的能力。

教学《项脊轩志》时，可让学生扣住标题思考：项脊轩志，为什么用志而不用记呢？（板书：志的篆文 ），依字形解说字义：士乃古代读书人、有志向的人的通称，"志"下面的"心"，表示心理活动，在这里也包括读书人的理想。因此，在这篇课文里，作者不仅是要借轩来写人，还要借轩来传志。

教学苏霍姆林斯基的《致女儿的信》时，我是这样结尾的："大家看，智慧之心、情爱之心、忠诚之心，去世后心灵深处的追念之心。中国婚姻有个非常吉祥的'六合'——天干地支要'六合'，课文中这样的婚姻和我们中国'六合'式的婚姻也是吻合的。智慧、忠诚、有情、有爱、有心灵、有追念，这才是真正的爱情。"

蕴文字解说于文章的精要处，展示了汉语言文字文化的无限情趣与魅力。从字的构形来解析汉字，减少了汉字学习的枯燥感，提高了课堂学习的趣味性，在传统文化传承日益受到瞩目的今天，这种做法有着深远的意义。

二、思维的发展与提升：从语文到其他

语言是外壳，其核心是思维。课标要求学生能够运用批判性思维审视文本，探究和发现语言现象和文学现象，提高语言运用能力和思维的深刻性、灵活性、敏捷性、批判性和独创性。语文教学，既应入于文本，还应出于文本。课标提出，要使学生在不同内容和方法的相互交叉、渗透和整合中开阔视野，提高学习效率，初步养成现代社会所需要的语文素养。因此，语文不是单打独斗，是可以相"融和"的：课文内部各要素要相"融和"，语文读写要相"融和"，语文学科与其他学科要相"融和"，语文学科与社会、人生要相"融和"。

教学文言文时，可将读写相"融和"，以此培养学生的创造性思维。

十多年前，我教学《廉颇蔺相如列传》时，先分析文本结构安排的匠心：三个故事各有侧重；两个人物一详一略；每个故事既独立又相互关联；内部矛盾与外部矛盾交替发展，跌宕起伏。再分析写人技法：选择典型事件表现性格，在矛盾冲突中刻画人物，语言描写展示个性。课后，让学生用一个故事贯穿两个以上历史人物，如诸葛亮与司马懿、李白与杜甫、苏轼与佛印等，也可以跨越时间用一件事写两个人物，如范增与陶潜、孟子与小布什、阿Q与陈奂生，这样做旨在培养学生的想象力及创造性思维能力。教学《必修2》第三单元，让学生于《兰亭集序》前二段之后进行续写，可选择苏轼、王安石中的一位，依所选者的个性、情趣、风格来续写后面语段，即用《兰亭集序》的前两段叙事写景文字延伸出苏轼的旷达、王安石的哲理，让学生通过练习，学习以景寓理、以景言志的写法。

以上读写"融和"，既巩固深化了学生对课文内容、写法的理解，又实现了写法的拓展与运用，有效地提升了学生的创造性阅读能力及思维的灵活性、深刻性、独创性。

另外，还可将语文与其他学科相"融和"，培养学生思维的敏捷性。可与音乐"和"：让喜欢音乐的同学朗读课文，配以相应的音乐；与绘画"和"：让擅长美术的同学画连环画或示意图，单幅的如"曲水流觞""师生言志""屈子行吟"等，连环的如"触龙说赵太后""鸿门宴""齐人有一妻一妾"等，达到"以画促读"的目的；也可与时事政治"和"：把孔子"均无贫"的思想、孟子的民本思想与毛主席"为人民服务"的思想、习总书记"不忘初心"的思想等联系起来思考；还可与历史"和"：《过秦论》和《六国论》探讨的是同一段历史，不同作者切入的角度不同，得出的结论也不同，学习这一类史论文之后，可以让学生另辟蹊径重评秦朝这一段历史，或自选一个朝代加以评价，或选一个历史人物评其是非功过，或找一历史细节说明历史的偶然性与必然性。无论是哪一种"和",都是对作品的审视、探究和发现,是一种思维能力的提升。

余映潮先生说过,研究教材八个字:上下求索,左右勾连。这八个字讲的就是教学的"融和",要能由此及彼,连类而及,既可为课文扩容,增加教学厚度,更重要的是教会了学生分析的能力,培养了学生多种思维能力。

三、审美的鉴赏与创造:从单边到多边

文学作品的每一种美,都代表着作者的写作风格,隐藏着作者的心声,折射出作者的精神境界和人格追求,只有细品其中妙境,方能贴近作者的心灵。教学中要让学生感受和体验作品所表现的形象美和情感美,分析作品表现出来的思想情感,培养高雅的审美情趣和高尚的审美品位。教师应坚决摒弃急功近利式的贴标签式的教育,多一点发现美的意识,全方位去寻找作品之美,引导学生感受美,接受美的熏陶,陶冶美的情操。要注重审美的整体性,学生所鉴赏之美,不应是零碎的、散乱的。

(一)聚焦一点,寻找特性美

每一篇文章的美都具有独特性,教师应对教材进行反复的钻研、体会,寻找它最典型的美点,或结构,或形象,或情感,聚焦一点,加以品析鉴赏。

教学《邹忌讽齐王纳谏》,可聚焦于一个"三"字:文中有三问、三答、三思、三比、三赏、三时;妻、妾、客是有层次区分的,有亲、中、疏三层;自省有三层,进谏有三层,时间上有三层,写得有层次,有深度。"三"构成了全文振动的频率,这种层进式的反复,使文中的故事一波三折，有利于内容的铺排与渲染。

　　《项羽之死》一文，项羽个性鲜明，形象生动，而《垓下歌》也成为项羽个性最具特征的写照。因此，可用《垓下歌》概括项羽：力拔山兮——勇猛、骁勇善战；气盖世——赫赫战功，英雄气概举世无双；时不利兮——"天之亡我，非战之罪也"；骓不逝——非我不前，乃骓不逝，想到战马，而非将士，见物不见人；骓不逝兮可奈何——陷入绝境，归因客观，英雄末路非英雄过；虞兮虞兮奈若何——行将灭亡，自己可以不在乎，将士可以不在乎，担忧心爱的美人的结局，儿女情长。还可用《大风歌》来概括刘邦的形象特征，与项羽的《垓下歌》构成对比，引导学生领会司马迁点睛妙笔，加强对项羽、刘邦形象的认识。

（二）横向品析，品味多面美

　　一幅艺术作品，角度不同，欣赏的美感便有所不同。文学作品之美，从不同的角度去品析涵泳，才能敏锐地捕捉作品中那些独特精妙之处，才能开掘那些含蓄隐蔽的艺术内涵，获得更多的审美享受，乘着美的旋律在文学艺术天地里翱翔。

　　如短文《咏雪》鉴赏。

　　第一，章法之美。

　　1.起承转合之美。起：谢太傅寒雪日内集，与儿女讲论文义。承：俄而雪骤，公欣然曰："白雪纷纷何所似？"转：兄子胡儿曰："撒盐空中差可拟。"兄女曰："未若柳絮因风起。"合：公大笑乐。即公大兄无奕女，左将军王凝之妻也。

　　2.双线叠合之美。自然线，扣题目"雪"字：寒雪—雪骤—白雪纷纷—撒盐空中—柳絮因风起；人物线，扣题目"咏"字：寒雪日内集—讲论文义—白雪纷纷何所似—撒盐空中差可拟—未若柳絮因风起—公大笑乐。双线叠合，前后呼应。

第二，文体之美。

1. 小说语境之美。自然语境：寒雪、雪骤；社会语境：内集、讲论文义；随机产生的第三语境：欣然、大笑。

2. 小说情节之美。起因：雪骤命题；经过：儿女应对；结果：公大笑乐。

3. 人物形象之美。谢安：博学、儒雅、开朗、民主；谢朗：率直、刚性、少点儿自信；谢道韫：率真、勇敢、柔性、自信。

4. 小说意蕴之美。融洽、欢快、轻松、自由的家庭氛围；平等、和谐的长幼、师生关系。

第三，语言之美。

1. 语言简练之美。《咏雪》语言隽永传神，洗练优雅，如"俄而雪骤"，仅一个"骤"字却传神地描写出漫天雪花飞舞的动态，高简瑰奇。

2. 语言个性之美。谢安的"白雪纷纷何所似"：师长风度，随机灵活，"白"限制特征，"雪"限制内容，"纷纷"限制形态，三个词语构成题目限制，"何所似"是答题的明确指向，简捷明确；"与儿女讲论文义"，学问自不必说；"欣然""大笑乐"，开朗、随性、民主的情态随之而出。谢朗的"撒盐空中差可拟"：反应迅速，男性特征显著，"撒盐"干净利落，"空中"博大空阔，"盐"是"白"的，此切题，但"盐"沉重，落下速度快，且平时不在空中，没有落实"纷纷"之意，所以比喻比较生硬，连他自己也似乎缺少自信，故用"差可拟"表示勉强，如果比喻的不是骤起的飞雪，而是地上的积雪，盐的比喻就贴切一些了。谢道韫的"未若柳絮因风起"："柳絮"，其特点是轻、柔、细、小，可随风起舞，从形态上看，符合题意；从姿韵上看，这句话是女子所想，女子心中的白雪，也是带点美好意味的，柳絮翩翩，"因风"轻柔起舞，展示柔美的身姿；"因风起"，要凭借风才能飘起，暗示女子美好的春天的到来是要有所依凭的；虽未扣"白"，但正是这种错位才更具美感：既写出了雪花轻盈的姿态、飞舞的神韵，还给人暖意融融春天将至的联想，意象优美，意韵丰富。谢安未加评判而"大笑乐"，自有道理。

这一篇七十一字的短文，通过教师寻找新的角度，就能立体地多侧面地深入剖析课文，以小见大，真正地做到短文细教，简文丰教。

再如《孔雀东南飞》"话别"语段鉴赏。

上堂拜阿母，阿母怒不止。"昔作女儿时，生小出野里。本自无教训，兼愧贵家子。受母钱帛多，不堪母驱使。今日还家去，念母劳家里。"

却与小姑别，泪落连珠子。"新妇初来时，小姑始扶床；今日被驱遣，小姑如我长。勤心养公姥，好自相扶将。初七及下九，嬉戏莫相忘。"出门登车去，涕落百余行。

府吏马在前，新妇车在后。隐隐何甸甸，俱会大道口。下马入车中，低头共耳语："誓不相隔卿，且暂还家去；吾今且赴府，不久当还归。誓天不相负！"新妇谓府吏："感君区区怀！君既若见录，不久望君来。君当作磐石，妾当作蒲苇，蒲苇纫如丝，磐石无转移。我有亲父兄，性行暴如雷，恐不任我意，逆以煎我怀。"举手长劳劳，二情同依依。

"话别"的诗性美：

1. 诗句情感变化之美：通过新的分段可以看出，与阿母、与小姑、与焦仲卿的话别诗句的数量不同，呈现出渐多渐长的势态，其情感也随着诗句的渐多而渐长。

2.话别方式变化之美：与阿母、与小姑、与焦仲卿的话别方式是不同的：与阿母是"拜别"，与小姑是"泪别"，与焦仲卿是"誓别"。

3.声音轻重变化之美：从"低头共耳语"来看，刘兰芝与焦仲卿话别的声音最小，而"上堂拜阿母，阿母怒不止"声音最大，与小姑话别声音居中。按课文与阿母、与小姑、与焦仲卿话别的顺序看，声音逐渐轻下去，以至"耳语"，距离由远及近，感情逐渐加深，以至不让别人听见，进入两人空间。

4.话别内容特性之美：对阿母的话，柔中带刚，绵里藏针；对小姑的话，充满温馨，充满留念，充满希望；与焦仲卿对话则是十分无奈，无限悲苦，信誓旦旦，情意绵绵。

5.话别表情神态之美：与阿母别时阿母"怒不止"，与小姑别时刘兰芝是"泪落连珠子""涕落百余行"，与焦仲卿别时"举手长劳劳""二情同依依"。

6."闲笔"之美：这是一首叙事诗，从所叙故事角度看，小姑似乎是多余的"闲笔"，为什么民歌中如此浓浓地来了一笔？这样写表现了刘兰芝的温和、善良、重情义，暗含焦母的无情与凶残，表达含蓄而深入。

好的作品，需要教师有意识地引导学生通过对有限的、具体的形象语言的品味，去领悟无限的、内在的内容，在潜移默化中培养语感，提高审美情趣和审美品位。

（三）纵向比较，鉴赏整体美

文学作品之美，不仅可以多方位地去欣赏，还可将学过的同一内容或同一作者的诗文结合起来，形成纵向对比，这样既可以深化对课文的理解，又能对同一作者或同类内容有比较全面的整体感知。如通过对课文的内容归类与主旨概括，我们可以就陶渊明的思想和艺术有一个整体的理解，这对提升学生的审美鉴赏力及审美创造力是大有裨益的。

课文	内容归类	主旨概括
归园田居 （其一）	少无适俗韵，性本爱丘山——性情之爱 羁鸟恋旧林，池鱼思故渊——林渊之爱 开荒南野际，守拙归园田——开荒之爱 方宅十余亩，草屋八九间——草屋之爱 暧暧远人村，依依墟里烟——村墟之爱 久在樊笼里，复得返自然——自然之爱	拙 爱 自然之爱
归去来兮辞并序	迷途未远，今是昨非——醒悟之欣 舟遥轻飏，风飘吹衣——问路之欣 乃瞻衡宇，稚子候门——瞻宇之欣 松菊犹存，有酒盈樽——菊酒之欣 无心出岫，倦飞知还——矫首之欣 亲戚情话，琴书消忧——息交之欣 农人告春，万物得时——感物之欣 富贵非愿，帝乡不期——守常之欣 聊乘造化，乐夫天命——乐天之欣	归 田 归田之欣
桃花源记	芳草鲜美——自然美 土地屋舍——人居美 田池桑竹——田园美 阡陌交通——便捷美 鸡犬相闻——宁静美 黄发垂髫——满足美 不知有汉——隔世美 皆出酒食——人情美	源美 隔世之美

续表

课文	内容归类	主旨概括
五柳先生传	不慕荣利，忘怀得失——精神乐 不求甚解，会意忘食——读书乐 期在必醉，不吝去留——衔觞乐 短褐穿结，箪瓢屡空——生活乐 常著文章，颇示己志——诗文乐	志乐 生存之乐
归园田居 （其三）	种豆南山，晨理荒秽——喜劳动 带月荷锄，夕露沾衣——喜自然	愿喜 劳动之喜
饮酒（其五）	心远地偏——心静悠 采菊见山——闲适悠 日夕飞鸟——相与悠	真悠 融入之悠
	美、乐、喜、悠、爱、欣	源、志、愿、 真、拙、归

教学《归去来兮辞并序》时，教师用三道讨论题将陶诗串联起来：

（一）陶渊明在《归园田居》里讲到的"性""愿"，在《饮酒》里讲到的"意"，在《五柳先生传》里讲到的"志"，其实就是"真"。"真"是陶渊明人生哲学的核心。请将本文与所学的陶诗陶文联系起来，说说什么是"真"，并从文中找出写"真"的文句，加以赏析。

（二）陶渊明诗文语言最大的特色是平淡自然，平淡自然又主要表现在三方面：内容方面，有田园生活、日常生活、农村景致、个人活动，如"开荒""种豆""读书""嗜酒""采菊"等；感情抒发方面，往往赤裸裸毫无保留地道出，如"少无适俗韵……沾衣不足惜"，"衔筋赋诗，以乐其志"，"心远地自偏"等；语言方面，平淡自然而准确传神，如"方宅十余亩，草屋八九间"，"暧暧远人村，依依墟里烟"，"每有会意，便欣然忘食"，"种豆南山下，草盛豆苗稀"，"采菊东篱下，悠然见南山"，"阡陌交通，鸡犬相闻"等。请从文中找出有这三方面表现的语句，并加以赏析。

（三）有人指摘本文谋篇上有毛病：《序》言将归而赋，则归来之事当作想象之言，而问途之后都是追叙，自相矛盾；钱锺书以为本文写将归之际，人未归而心先归——想象归程以及种种情状，更显归意之坚和归心之切。请以《桃花源记》的写法佐证钱锺书之说。

三道讨论题将学生所学的陶渊明诗文结合起来，有意识地引导学生将不同的知识点串成线，使学生既能见木也能见林，更全面地了解陶渊明诗文。

四、文化的传承与理解：从教材到生活

杨叔子先生说："人文文化是一个民族的身份证。没有先进的科学技术，我们会一打就垮；没有人文精神，一个国家、一个民族会不打自垮。"语文教育应挖掘课程中的人文精神，以文教化，对学生进行人文精神的培育。

教文言文时，我们要把课文和学生的生活相关联，和学生的发展相关联，这样学生才能在课文中获得精神的滋养，从而吸收中华文化的精华，获得文化的传承。

教学《陈涉世家》时，讲到"苟富贵，无相忘"，思考怎么对待生死之交。讲解"若为佣耕，何富贵也"时，思考现实与理想存在反差怎么办。讲解"嗟乎，燕雀安知鸿鹄之志哉"时，思考生活在底层时该怎么办。这是从内容入手,将课文与生活实际相关联,以此来形成对个人社会的思考及认识,增强自己的使命感及责任感。

教学《关雎》时,我从"求"入手,通过对"窈窕淑女""寤寐求之""求之不得,寤寐思服""悠哉悠哉,辗转反侧""琴瑟友之""钟鼓乐之"的分析,来阐释《关雎》何以"以风天下而正夫妇",何以"教之化之"。分析后,根据学生的讨论板书:"君子——审美眼光,热烈执着,纯正真诚,文雅适度,懂得珍爱,才艺双馨,目标明确;淑女——心地善良,容貌美好,仪态美好,装饰美好,人情练达,知书达理;正夫妇——爱情典范,做人楷模;风天下——安身立命,和谐美好。"这是从人物形象入手,培养学生对为人处世的思考,这板书既概括了师生的课堂成果,也留给了学生一辈子做事做人的启迪。

教学《归园田居(其三)》时,我在课堂上是这么总结的:"不幸福的东西'衣沾不足惜',一切都会过去,我们'愿无违'就行了,'愿'里有个'心'。所以,老师给同学们归结一句话:我们要从辛苦繁重有压力的学习当中解放出来。创造幸福要靠劳动,我们要努力像陶渊明一样,'晨兴理荒秽,带月荷锄归',至于结果是不是'草盛豆苗稀',不管它,把'草盛豆苗稀'当作美景来享受,让我们心里有一个美丽的桃花源,有一个安宁的田园,让我们的心灵平静下来——'归园田居'吧。"这是从主旨入手,在浮躁的今天,给学生们一剂宁静致远的良方。

课标要求学生能理解、认同并热爱中华文化,能吸收中华文化的精华,初步形成对个人、社会、国家的思考及认识,增强使命感及社会责任感。这些要求都需要落实在一次次的课堂教学中,落实在平时的潜移默化中。

杨振宁1997年6月27日在《光明日报》上说:"《孟子》里头有许多儒家哲学,你可以了解整个中国的思想方式,现在回想起来,这对于我这个人整个的思路，有非常重大的影响。"

温儒敏老师在说到新教材使用时反复强调一个核心问题，就是要让学生多读书。语文教学应从中华民族的文化宝库中吸取丰富的养料。经典著作，有助于拓宽学生的文化视野和思维空间，思考人生价值与时代精神，增强使命感和责任感。高中语文学习应有三个境界：为高考，为人生，为精神家园。因此，我每学期都能腾出五周左右时间，开设我的"班本课程"：高一讲《论语》，选讲《孟子》；高二选讲《庄子》；高三选讲《史记》。高一的《论语》能让学生借鉴孔子知难而进、乐以忘忧、勇往直前、通脱豁达的人生态度和人生智慧。对于《孟子》，可学习其中的仁义礼智信，解决中国人在中国国情下的为人处世问题。对于《庄子》，可领悟其独特的思想价值和艺术魅力，感受《庄子》是如何广泛而有效地抚慰迷惘困惑的心灵的。《史记》有助于学生解决史学素养的问题，学生在文化的熏染、陶冶中发展自身，促进生命个体的成长，实现人格的健康发展。

孙绍振老师在《教学主张与名师成长》（余文森、成尚荣主编，福建教育出版社 2017 年 7 月版）一书中点评本人"本然语文"的教学主张时说："有意思的是，不赶时髦的本然语文恰恰是最时髦的。在三维理念出台以前，本然语文就在应永恒的课堂落地生根，他从前的课、现在的课都能切实达成新课程的三维目标，在新课标颁布后，应永恒被许多中学请去上课就是理所当然的了，这一点无须我多费口舌。我们不妨看看本然语文是如何落实将要颁布的语文核心素养要求的，'语言建构与运用'是语文素养整体结构的基础。应永恒引领他的学生在丰富的语言实践中，主动地积累、梳理和整合，逐步掌握祖国语言文字的特点及其运用规律。短短的《春夜宴从弟桃花园序》，通过忆各类序的内涵，明宴集序的特点，赏宴集序的内容，品作者的情感，析宴集序的缘由，悟作者的哲思，理宴集序的写法，得文章之体式，比宴集序的差异，明李白的风格……"

语文核心素养的提出，是语文教学对教育变革的回应。语文教师需要从单纯的知识传递角色转化为课程的开发者、路径的提供者、课堂活动的设计者，方能引领学生将"语言的建构与运用""思维的发展与提升""审美的鉴赏与创造""文化的传承与理解"四项语文核心素养真正地落到实处。

教师在平时的教学中落实语文核心素养，学生高考时才有底气面对难题。有语文核心素养垫底的学生，什么高考题都能应对。语文的高考复习讲一点规范就可以了，不需要花太多时间做题。我教高三时，文言文和古诗词鉴赏几乎不用把时间放在做题上。我还曾向家长承诺：高三除了课表上的语文时间外，其他时间孩子们只管去学他们认为薄弱的学科，而我们班的高考语文平均分一定高于其他平行班。

别把语文抽空了

——关于加强语文基础知识与素养考核的思考

北京师范大学　　　张燕玲　周姮

在北京大学建校 120 周年纪念大会上，林校长致辞时把"鸿鹄"的"鹄"字读成了"浩"，引发热议；2005 年，台湾亲民党主席宋楚瑜在中国著名学府清华大学发表演讲，清华大学顾校长向宋楚瑜赠送了一幅小篆书法，内容是清末外交官、中国驻新加坡首任总领事黄遵宪写给梁启超的诗《赠梁任父同年》："寸寸河山寸寸金，瓠离分裂力谁任？杜鹃再拜忧天泪，精卫无穷填海心！"这首诗是用篆书写成的，这可难倒了顾校长。他念到"瓠离分裂力谁任"的"瓠"时卡住了，经人提醒才得以圆场，引得学生们笑声连连，相当尴尬。曾有国家领导人在美国大学演讲时，将"莘莘（shēnshēn）学子"读作了 xīnxīn 学子；电视广播、媒体发言人屡屡读错字，将亚（yà）洲读作 yǎ 州，将穴（xué）位读作 xuè 位，把脾（pí）脏读作 pǐ 脏；广告牌、报纸、字幕中的错字别字连篇，"甘拜下风"的"拜"写为"败"，"一筹莫展"的"筹"写作"愁"……这一系列的现象应该让我们进一步思考语文教育中基础知识学习的意义。

语文教育关乎一个人的全面发展和终身发展，关乎一个民族的基本文化素养，任何行业、任何时候、任何人，都要进行表达和交流。语文的使命与任务是什么？《义务教育语文课程标准（2011年版）》说"语文课程致力于培养学生的语言文字运用能力"，学生要"正确运用祖国语言文字"，要求初中学生掌握3500个常用汉字。《普通高中语文课程标准（2017年版）》阐述语文课程的目标任务："把握祖国语言文字的特点和运用规律，加深对祖国语言文字的理解与热爱，培养运用祖国语言文字的能力"。基本的识字写字能力、词语积累、音义辨析、语感基础上的语法常识是最基本的语文素养与能力。但是，近年来我们却越来越淡化语文知识和素养。自2015年以来，高考语文试题取消了对字词、语法等基本语文知识的单独考查，将语文知识放在阅读中进行考查。看似只是变换了考核的形式，但本质上是弱化了学生对于识字写字和语法等语文基础知识的关注。就拿文学类阅读文本来说，字种只有400—500个左右：

卷别	文学类阅读文本总字数	字种
2017 全国卷 1	1243	487
2017 全国卷 2	1194	416
2017 全国卷 3	1610	491
2016 全国卷 1	1629	469
2016 全国卷 2	1335	429
2016 全国卷 3	1444	387
2017 北京卷	1660	554
2016 北京卷	2030	572
2015 北京卷	1725	503

有限的字种量所能涵盖的字词句等方面的知识内容是十分有限的，不能够全面考察学生的基本知识素养水平。由于高考选文的特定要求，很多文本并不经典，其词语句式表达甚至不够准确，更谈不上典范，难以真正考查出学生的语文能力。

诚然，知识素养不等于能力，我们不是要让学生"掉书袋"，像孔乙己一样知道茴香豆的"茴"有四个写法。但能力不是凭空而来的，不是建立在虚无缥缈之上的。学生中流传着这样的顺口溜：不上高三，不知道汉字怎么念、怎么写。因为高考有字音、字形、词义等最基本的语文知识的考核。学生为了要得到这几分，须花费一定的时间去系统梳理常用汉字、词语的音形义，而这一梳理，就发现平时读错写错了很多字。虽然考题中只有几分，但却代表了一种导向，明确告知考生们正确运用祖国语言文字的重要性，客观上让学生们关注字音、字形，关注语言文字的正确使用。

1977 年我国恢复高考制度以来，语文基础知识的考查，着重强调字词及语法知识等内容。考生要能掌握汉字的音、形、义，能分清词语及成语在具体语境中的含义，并会正确地运用，掌握基本的语法知识，不出明显的语病。2007 年之后，高考语文基础知识的命题方式及题型随着新课程标准的逐步施行而变化。三十多年来，语文基础知识在整个高考语文试卷中始终占据着举足轻重的地位，几乎是不可或缺的组成部分。从知识的内容看，它包含了字音、字形、词语（成语、熟语）、标点符号、语病、句式、修辞手法等多项内容，强调知识的逻辑系统性、整体性、完整性，内容上也有一定的难度。在题目形式上，多以选择题为主，辨别出即可，在应用上的要求相对较轻。试题包括以下几个方面的内容：1. 辨识字音，主要考查前鼻音与后鼻音、翘舌音与平舌音、多音字；2. 辨析字形，词语大多出自教材；3. 同义词辨析；4. 识别成语误用，比如"不容置喙"和"不容置疑"，"不堪卒读"

和"不忍卒读","不以为然"和"不以为意";5. 语病识别能力。除此之外，还有课标中所要求的必背古诗文的默写。但2015年后，这些内容都不见了。近年来，高考语文对基础知识的考察在整体上呈现弱化的倾向。娄金昌老师通过对几届高考学生语文分数的分析比较发现，凡是超过语文分数120分的同学，他们在语文基础知识项上丢分较少，至多丢6分。凡基础知识项丢分超过50%的同学，其总分很难到达110分。

高考虽然屡遭诟病，但它目前依然是我国选拔人才最公平的一种机制。高考怎么考，考什么，对语文教学起到直接的导向作用。语文基础知识题的取消必定会产生错误的导向。语文的基础知识内容被抹去，学生不再重视识字、写字，不再重视词语的积累，不再需要修辞炼句。知识性、常识性的错误在学生那里司空见惯。老师也是模棱两可，含糊其辞，开口读错音，提笔写错字，错字、别字漫天飞。看看我们的语文高考成绩，分数不是很漂亮吗？但是，学生的语文水平是真的在提高吗？虽然实现了选拔功能，却不过是矮子里面拔将军。高考中抽空了能确认学生语文基本素养的知识类的题目，语文还剩什么？好在，还保留了古诗文的默写题，还有文言文字词句。重头戏阅读和写作，抽去了对语文基础知识的考察，只能是随行就市，水落船低。

有人会说，古代科举一文定乾坤，其他任何知识性考试都没有，就只有一篇作文。是的，但是古人的一文定乾坤是建立在熟读经史子集的基础上的。对于古代读书人而言，积累不存在问题，因此才可以略去对字词句和诗文积累的考查，直接进入到对语言文字的运用、治国理政的才学的考量。因为"厚积"是读书人的常态，所以可以只关注"薄发"。但我们的现状是学生语文基础知识严重匮乏，语文积累严重不足。

　　笔者的研究生做过这样的调研：某城市二类重点中学高一年级学生，平均能够背诵 2001 版课标中 120 篇古诗文的 22%，也就是说能够背诵 40 首左右的古诗词；北京师范大学文学院大一师范生，平均能背诵 2011 版课标推荐的 135 篇古诗文的 60%；北京师范大学文学院大三学生，能够背诵的古诗文总字数，是 4000—6000 字，最好的能背 18000 字。北京市高考每年都有 7% 的学生古诗文默写得 0 分。当今学生的古诗文背诵量与鲁迅、钱穆、胡适、苏步青、杨振宁等人的古诗文的背诵量相去甚远。古今饱学之士，无不满腹经纶，具有很好的记诵功底。明末清初思想家顾炎武能把约六十四万字的十三经全部背出。康熙皇帝读书读百遍背百遍，通过了然后再往下读，一遍不少，决不偷懒。钱锺书在清华上学时，号称"横扫清华图书馆"，连无名的意大利作家的作品都倒背如流。茅盾能背《红楼梦》。苏步青能背《左传》。这种背书的功夫令我们今人佩服之至。赞叹之余，我们是否应该悟出点什么呢？反复的诵读带来深厚的文化积淀。诵读有助于语言的记忆与积累，使我们进而具备鉴赏文章的能力，成为一个有语言修养、有文化内涵的人。诵读时如江河滔滔不绝，倾泻而下，写作时方能如探囊取物，轻松自如。不背书，语感从何而来？语言建构如何形成？刘勰在《文心雕龙》中说："观千剑而后识器，操千曲而后晓声。"一个学生仅仅能背诵三四十首的五七言绝句，怎么能有好的语文素养和水平？一个识字只有一两千字的学生，如何能够有生花的妙笔？

　　南怀瑾先生曾说："人类原始的教育方法，只有一个，就是背诵。尤其是读中国书，更要高声朗诵。高声朗诵，有什么道理呢？这个含意很多，朗读多了，自然懂得言语与文字的音韵学。换句话，也懂得文字和语言之间拼音的学问。不管中文、外文，高声朗诵，慢慢悟进去，等长大了，音韵学懂了以后，将来的学问就广博了，假使学外文，不管英文、法文、德文，统统会悟到音韵的拼法，一学就会。在中国古代，这是个普通的教育法，大家都会的。我们这一代的中国人，没有文化根基。"

　　语文基础知识具有稳定性、可传授性、奠基性的特征，语文基础知识的内容是语文内容的重要组成部分，是提升语文能力的基础与前提，语文能力则是对语文基础知识的深化与运用，二者相互联系，相互影响。学好语文基础知识，充分利用好语文基础知识，才能有效地形成语文阅读能力和写作能力。这是一个潜移默化的过程。"九层之台，起于累土；千里之行，始于足下。"要学好语文，就要打好基础，进而才能提升能力。

参考文献

娄金昌 2017《基于高考语文基础知识考核分析高中语文教学》,《考试周刊》
　　第 A5 期。
苑航 2016《学习语文基础知识的重要性——重视语文基础知识教学》,《课外
　　语文》第 8 期。

让"指挥棒"撬动"育人"杠杆

——关于上海语文高考试卷结构的设想

复旦大学附属中学　　　王白云

在儒家"齐家"文化的统领之下、在"竞争"之风四处弥漫的中国社会中，高考毫无疑问会在相当长的时间内继续发挥其"指挥棒"的功能。如果高考顺应家长的期盼，顺应教育的趋向，引导整个社会实现教育"促进学生健康发展"的目标，倒是给教育改革一个契机。

语文高考试卷，是否可以采取"三一式"结构？

一、"三一式"高考结构

"三一"是戏剧概念，指的是在同一时间、同一地点、同一个完整的行动中，服从同一个主题。"三一式"高考试题，正是试图在特定时间、特定场景，将上海市教委提倡的基础型课堂、拓展性课堂、研究性课堂结合起来，将篇章教学、拓展学习、社会体验结合起来，将听、说、读、写三大语文能力结合起来，将语文考试的诠释性、论证性、创造性结合起来，将基本知识技能、思维能力、人文视野和素养结合起来。

板块	目标与要求	检测指标	等级	检测方式
阅读（70分）	能够读懂资料，有一定的学习能力与鉴赏、研究能力	能读懂词、句、段的含义，理解其作用；能理解不同修辞手法和不同表达方式的作用；能理解文章的思想感情、写作意图和艺术手法	识认筛选性	将阅读部分的两篇现代文和一篇文言文加以组合，变成1+1+1模型。第一个"1"是主体读物（课外必读书目中的文章或节选，2000字左右），后两个"1"是比较性资料或助读资料，包括一篇古文（共4000字），古诗词单列
		能根据不同的文体特点，鉴赏文章的艺术形象和艺术手法	诠释论证性	
		具有初步的研究能力，能提炼主题、形成观点；	生成创造性	
写作（70分）	能够围绕一个主题筛选资料，生发联想，并有效地利用材料加以论述	论文有独立观点，有充足材料，有表达的逻辑；大作文与高考要求相同		一篇400字左右的学术论文；一篇800字左右的散文

板块	目标与要求	检测指标	等级	检测方式
说话 （10分）	能够在公共场合做有材料、有见解的演讲	衣着得体；口齿清晰，声音洪亮；站姿挺拔；有主题	合格级	提供情境，让考生说一段5分钟的话，或者设计三张演示文稿（含主题、观点、演讲过程设想）
		有较为丰富的材料；有独立的个人观点；表达流畅	优良级	
		有典型的材料；有独到的观点；语言表达具有感染力，能吸引全体听众	优秀级	

例卷结构：

1. 核心阅读材料：《我的老师沈从文》（汪曾祺）（文学性作品）（2000字）。

2. 研读资料：汪曾祺《自报家门》（节选）；《沈从文简介》（史料）；《汪曾祺的语言》（节选）（说明文和议论文）（2000字）。

3. 小论文：在"汪曾祺的创作观""汪曾祺的语言特点""汪曾祺对沈从文的'偏见'"等题目中选择一题，加以论述（400字左右）。

4. 作文："传统与现代"（800字左右）。

5. 口语。就"小论文"的内容做5分钟的发言或设计发言提纲。

二、与现有高考模型的不同之处

1. 体现语文素养的全面性：

2005年以来的上海语文高考试卷保持这样的结构：

试卷结构		分值	总分
一、阅读	（一）应用型作品理解	18	80
	（二）文学作品鉴赏	20	
	（三）默写	6	
	（四）古诗词鉴赏	8	
	（五）传记性文言文阅读	16	
	（六）论说性文言文鉴赏	12	
二、写作		70	
分值		150	

整张考卷，一共 150 分，主要考查读与写，涉及一些文化、文学常识和古诗文记诵。

"三一式"结构试卷则增加对读、说能力的考量。

2. 体现语文能力的综合性：

2015 年以来的考卷大多属于"单篇命题、板块拼接"——两篇现代文、一首古诗词、两篇文言文，六句默写，一篇作文，体现出不同的考查角度和维度，文章或语段各自独立。

"三一式"结构试卷则采用主题式选材，整套试卷的材料基本在一个专题之下，材料之间既有相对的独立性，又能彼此印证和参照。

3. 强化语文能力的实践性：

2015 年以来的语文试卷一直秉持以"能力"为主的立意，但是鉴于结构和阅卷方式的局限性，在诠释性、论证性、创造性三个层次上，依然以前两个层次的考查为主。"三一式"结构的试卷则要求学生阅读材料，在不同的文本中寻找脉络，形成自己的判断。"三一式"结构试卷要求学生有更宏观的把控材料的能力、更深的发现内在逻辑的能力、更强的综合与表达的能力。

三、提出"三一假设"的理由

中国是教育大国，上海是中国的教育高地、PISA 测试的世界第一，似乎表明上海已经打造出世界一流的教育，特别是阅读方面。另一个不争的教育"成果"却是：我们的教育让孩子越来越笨了，越来越不会学习了，而且似乎连好玩的天性和好奇的本能都渐渐消失了。

上海市教委 2004 年颁布的《上海市中小学语文课程标准》，要求高中三年级学生的课外阅读总量不少于 300 万字，还要求学生"形成课题意识，能根据自己的兴趣爱好和语文学习目标，确定阅读专题"。与此同时，《上海市中小学语文课程标准》明确提出：学生应该"能在学校、班级的活动中，当众作 15 分钟左右的演讲，做到观点明确，阐述清楚，用语规范，语言连贯；演讲时感情充沛，音量适中，能借助语调、手势，产生一定的感染力"。在学习能力和学习方式方面，《上海市中小学语文课程标准》强调阅读、写作、听说并重；强调知识技能、情感态度并重；强调具有课题研究的意识与方法；强调研究学习、合作学习。

2014 年，本人在上海三个类型的高中（分别是"四大名校"、上海市示范性高中和区级示范性高中）中对 100 名学生进行调查。调查表明，高中生在三年中达到 300 万字阅读量的不足 3%，87% 的学生在整个高中期间涉猎的名著少于 2 本；高中毕业生在语文学习的过程中做过"课题"的不足 2%；对"课题"二字毫无认知，甚至以为"课题"就是"课文题目"的，高达 67%；接受过专门演讲训练的只有 4%，能够"当众作 15 分钟左右的演讲，观点明确，用语规范，语言连贯；感情充沛，音量适中，能借助语调、手势，产生一定的感染力"

的，只有 12%。语文学习中的听、说、读、写，"说"已经在实际教学中被基本取消；即便阅读，也是三千字以内的小阅读。真正能够充分调度学生想象能力、推理能力、文学感知力的长篇阅读，在高中生中只是个别行为。教育界成天呼吁的"自主学习""研究性学习"，更是基本被课内的"纠缠性"讲读或做题练习所取代。

高中"语文课程标准"能力要求							当前高考语文能力要求						
阅读		表达		积累		综合能力		阅读	表达		积累		综合能力
长篇	短篇	口语	写作	文化常识	记诵	学习能力	研究能力		短篇	写作	文化常识	记诵	

很明显，在高考语文试卷中，口语考查、课外长篇阅读考查、自主学习与研究能力考查均基本缺位。

1.口语考查缺位带来的连锁反应是语文教学的"装聋作哑"。口语考查的缺位有很多的原因。一个重要的原因是传统的惯性。中国的高考历史不长，但是语文考试历史相对悠久。中国的语文考试就是以笔试为主，只有少数最高级别的考试，比如状元、榜眼之类才会有在最高考官——皇帝面前进行口试的机会。在国外，即便是美国，中小学语文考试也基本都只有笔试。另外就是技术的原因。在各种考试中，笔试既方便操作，节约成本，又相对比较公正、公平。所以，高考除了英语有口语之外，其他的学科一概采用笔试方式。前几年大学自主招生滋生腐败，似乎从侧面证明了面试中暗藏的风险。

但是，口语考查的缺位带来的负面效应不可低估。2012 年 9 月 14 日，《环球时报》发表了《美国人的演讲力是怎样炼成的》一文。这篇文章在谈到"中国人的演讲力为何稍逊一筹"时说道："中国的学校教育仍然以应试为重点，学生集中锻炼考试解题的能力，而演讲力无关考试成绩，自然得不到训练。耐人寻味的是，许多中国学生外语演讲能力好于汉语演讲能力，这是因为外语有口语考试，需要训练与演讲力有很大关系的口语表述能力，而汉语反倒没有这方面的考试。"口头表达能力是现代复合型人才的基本素质，世界上一流的政治家、经济学家，大多是卓越的演说家。口语能力，特别是汉语口头表达的能力，中国学生是明显欠缺的。

信息控制论认为，一个人要想有效掌握信息，除了关注信息、吸收信息外，还要对信息进行重组，然后在这个基础上进行输出，这样才能真正有效掌握信息。输出信息的方式是什么？除了纸面表达，更简便有效的方式就是口语。所以，从教学本身来看，口语教学也是不可或缺的教学环节。

美国学者、著名的学习专家爱德加·戴尔1946年发现并提出学习金字塔理论：学习方式不同，学习成效也会大大不同。以两周之后的成效来说，"阅读"之后只能记得10%；"听"只能记得20%；"看图片"只能记得30%；"观看示范说明、看展览示范、看电影"等会记得50%；"做正式的演讲、参与讨论"会记得70%；"和人激烈辩论或者教授他人或是做些总结"则会记得90%。

可见，我们传统的彬彬有礼、鸦雀无声的听讲方式，不仅异化了师生关系，使学生缺少主动发展的机遇，而且大大降低了教学的效率。不注重口语教学，已经明显成为语文教育的一大缺失。口语教学的回归，有赖于口语考试的"复活"。

2. 对课外阅读的模糊态度，致使语文教学缺少基本生态。课外阅读特别是课外文学名著阅读，在语文教学中一直有毫无争议的地位。任何一个具有较好的语文素养的人，都有长篇阅读的经历。国际上很多语文教学，都在语文课程中直接进行长篇名著的教学。在 20 世纪 40 年代初期，叶圣陶甚至主张在语文教材中采用整本的著作。他在《论中学国文课程的改订》一文中指出："现在国文教材似乎该用整本的书，而不该用单篇短章……退一步说，也该把整本的书作主体，把单篇短章作辅佐。"1949 年，他为当时的教科书编审委员会草拟了《中学语文科课程标准草稿》，又把上述观点修正和发展成为这样一条内容："中学语文教材除单篇的文字而外，兼采书本的一章一节，高中阶段兼采现代语的整本的书。"在叶先生看来，读整本的书不但关乎学生的阅读习惯和视野，而且与学生的思维有直接关联。

美国学者凯瑟琳·海尔斯对人的注意力进行了分类，其研究成果显示：注意力有过度注意力和深度注意力两种。一个人对周边的信息有强烈的"吸纳欲"，娱乐的、体育的，科学的、经济的、原创的、山寨的，都希望统统包揽，这就是过度注意力。对某项内容保持深切的关注和探究，这就是深度注意力。深度注意力是文明进化到较高阶段的结果，只有在较为安全的环境中才有可能体现。深度注意力是较高水平的思维能力，也是学校教学更为重视的一个方面。语文学科唯有借助长篇阅读和深入研究，才能切实培养学生的深度注意力。

碎片化阅读导致逻辑思维能力衰退、情绪化偏见流行。课外阅读中的长篇阅读不仅关乎学生在学习期间的思维和能力，关乎学生个体的视野和习惯，而且关乎民族特性的优化。前几年某媒体调查表明，韩国年人均读书 7 本，日本 40 本，俄罗斯 55 本，中国 0.7 本。不会读书的民族不会是更聪明、更有内涵和前景的民族。

美国乔·昆南在《阅读的人生是一场冒险》中写道："阅读的人生是一场没有地图的冒险。"他的儿子 15 岁的时候对阅读《双城记》"咬牙切齿"，认为它"枯萎了六月，毁灭了七月，摧残了八月"。连作者都认为逼迫孩子读这些"不好玩的书"太残忍了。但是后来，在大学读书的孩子突然告诉他"暑假阅读"是种宝贵的经验，在"重读这本书"之后，他发现很多让他觉得有滋有味的章节和细节。作者在文章的结尾说，"我意识到自己有必要重新评判暑期的长篇阅读"。

语文教学不可以不重视课外阅读特别是长篇阅读，而课外阅读包括长篇阅读的动力源自高考对课外阅读的直接关注。

3. 自主学习和研究性学习必须从口号落地为现实操作。什么是学习?《我们如何学习》一文指出：学习是发生于生命有机体中的导向持久性能力改变的过程。

时代发展到今天，学习不再是单纯的学术行为，事实上早已演变为社会行为——学习的内容不是学习的目标，而是学生积极的、独立的、社会性的个体成长的过程。学生就是要借助相对宁静的学校教育，专心修炼其独立性，合理建设其社会性。语文学习仅仅把课程功能定位为听、说、读、写，"感受文化历史"，"积累文化素养"，是远远不够的。在信息时代，给学生知识已经不再是重要的事情，让学生具有学习的能力更为重要。

学习的能力从哪里来? 从学习的过程中来。高中生最重要的学习方式是什么? 蒙台梭利说：不要认为教书是教师教的过程。教师应该为儿童设计合适的主题和环境。华东师范大学教授钟启泉教授强调最好的学习是单元学习。为什么要有单元、有合适的主题和环境? 就是为了学生有更大的自主的空间。在身边环绕电子信息的情境中引导学生走出纷乱信息的包围，实现人的主动性，这是语文教育面临的新挑战。

与此同时，信息时代更容易形成生命个体独处的环境，人的社会性往往通过网络实现。但是，社会性中的人情，却是网络不能实现的。事实上，网络更容易导致人情的削弱。所以，借助教学强化学生社会性的人情因素，就成为新时代教育的重要任务。语文考试，需要引导学生认识到同伴的存在，将同窗变成真正意义上的同学。在自主学习和研究性学习方面，语文高考最具有基础和条件引领风气。

四、新的考试模型期待的社会效应

语文教育的种种不足，是整个教育界乃至整个社会在教育观念上急功近利与趋易避繁的直接结果，反映了教育界在学科教育与学生发展上的考虑不足。要想改变现状，让语文教学从现实困境中突围，必须在观念上、课堂形态上、教学内容上、评估标准上进行全面调整，而改变的契机之一正是高考。

上海等地高考独立命题至今已有三十年。三十年来，语文高考做到了社会公平与学科测量之间的平衡，既保障了稳定性、延续性，又始终保持进步、优化的态势。随着社会文化和测试技术的发展，语文命题既要与时俱进，又要保持对教育的引领意识。

好的教学风向标应该实现多种功能的综合：既能反映学生的学习过程、学习方法和学习成效，又能引导和促进学生发挥自己的潜力，实现预定的学习目标。好的"指挥棒"，有助于老师和学生了解别人，反观自己，进一步熟悉学科标准，体验人际关系的内涵。应该提升学生的学习自主权，确认学习者所有的学习范畴，关注学生学习的方式，关注语文学习中学生意志与情感的培养，强化学生合作学习与主动学习的意识。应该扭转一味强调知识与技能的倾向，重视学生学习的主动性，重视同伴学习与研究学习。教育的目标，除了让学生获得知识方面的理解外，更重要的是培养学生独立思考与解决问题的能力。

稳中求变

——北京高考文学类文本阅读试题与教学研究

北京市第二十七中学　　　上官卫红

　　我国高中语文教学是面向全体学生的大众教育，是以提高学生核心素养为根本的教育。这一特点在高考阅读题中得以体现。那么，北京高考试卷，尤其是文学类文本阅读试题有何特点？对高中教师而言，又该如何进行高中文学类文本阅读的教学和复习指导呢？

一、北京高考文学类文本阅读试题的特点

　　2017 年 10 月，《语文月刊》微信公众号曾发文"再不阅读，高考连卷子都做不完！全国教材主编剧透教育改革新动向：没有阅读能力的孩子要吃大亏"，此文一出，引起广泛关注。不可否认，用高考撬动语文课堂教学改革，意义重大。迄今为止，高考一直是教学不可忽视的风向标。所以，每位语文教育工作者都必须正视高考，正视高考对教学的导向。

　　笔者任教高中二十年，从 2001 年所带第一届高三学生毕业起，就有意梳理和研究历年高考试题。通过分析北京高考文学类文本阅读试

题要点（北京市自 2004 年开始自主命题），笔者认为，北京卷文学类文本阅读试题一直是稳中求变，不断见新，在探索中前行的。

表 1　北京卷 2001—2017 年文学类文本阅读考查要点

年份	文本及作者	文体特点	主要考查点				
			理解重要词语	理解重要句子	理解归纳内容	鉴赏艺术形式	分析概括观点态度
2001	《门》莫利（美国）	散文（哲理）	√	√	√		√
2002	《一片树叶》东山魁夷（日本）	散文（抒情、哲理）	√	√	√	√	√
2003	《夜雨诗意》余秋雨	散文（写景、哲理）	√	√	√	√	√
2004	《普希金之家》冯骥才	散文（随笔、学理）	√	√	√	√	√
2005	《合欢树》史铁生	散文（写人叙事）	√	√	√	√	√
2006	《给书虫当夫人》肖融	散文（写人叙事）	√	√	√	√	√
2007	《湿湿的想念》沈红	散文（写人叙事）	√	√	√	√	√

续表

年份	文本及作者	文体特点	主要考查点				
			理解重要词语	理解重要句子	理解归纳内容	鉴赏艺术形式	分析概括观点态度
2008	《碧云寺的秋色》钟敬文	散文（写景抒情）	√	√	√	√	√
2009	《司马祠》和谷	散文（写景抒情）	√	√	√	√	√
2010	《海棠花》季羡林	散文（写景抒情）	√	√	√		√（拓展）
2011	《祁连雪》王充闾	散文（写景抒情）	√	√	√		√（拓展）
2012	《心灵的篝火》张海迪	散文（哲理、抒情）	√	√	√	√	√（拓展）
2013	《浙江的感兴》王佐良	散文（写景抒情）	√	√	√		√（拓展）
2014	《废墟之美》叶廷芳	散文（随笔、学理）	√	√	√		√
2015	《说起梅花》苏菲	散文（哲理、抒情）	√	√	√		√（拓展）
2016	《白鹿原上奏响一支老腔》陈忠实	散文（写景抒情）	√	√	√	√	√
2017	《根河之恋》叶梅	散文（叙事）	√	√	√	√	√

从表 1 可以发现，在 2001—2017 年这 17 年中，北京卷（除 2001—2003 年为全国统一试卷）文学类文本阅读试题的考查要点中，理解重要词语、理解重要句子、理解归纳内容、鉴赏艺术形式、分析概括观点态度等考查角度一直存在。北京卷文学类文本阅读试题是在考查点相对稳定的前提下逐步变化的。其特点如下：

（一）高考选用文本：中国名家，利于考生。

北京卷文学类文本多选择中国当代名家散文作品。2003 年北京使用全国试卷时，试题选用文本为余秋雨的《夜雨诗意》。2004 年北京卷选用冯骥才的《普希金之家》，2005 年选用史铁生的《合欢树》，2008 年选用钟敬文的《碧云寺的秋色》，2010 年选用季羡林的《海棠花》，2012 年选用张海迪的《心灵的篝火》，2016 年选用陈忠实的《白鹿原上奏响一支老腔》等。试题选用外国作家的作品较少。情节性较强的小说文本，试题基本未有涉及。立足本土文化的阅读材料，让学生在考场阅读中有亲切感。对学生进行思维张力的考查，是北京卷文本选用的特点。

（二）阅读考查基点：稳中有变，变中见新。

2014 年以前，北京高考的文学类文本阅读题多以考查学生的概括、理解、评价能力为主。随着新课改的不断推进，2015 年和 2016 年，试题中加入了更多赏析的要求。2017 年的题型则把概括和赏析的要求综合起来考查，突出考查学生对文本的解读能力，比例也更加均衡。2017 年北京卷大阅读《根河之恋》是一篇以河流为重点的抒情性文化散文，这也是北京自主命题以来考查最多的题材类型。2016《白鹿原上奏响一支老腔》、2015《说起梅花》，2013《浙江的感兴》等，都是写景状物的抒情性文化散文。选择这类文本，使北京卷文化气息更加浓厚，命题也更灵动。

（三）题型灵活：立足素养，稳步推进。

北京卷的文学类文本阅读试题题型越来越灵活，但依旧立足对学生语文核心素养的考察。如2017年《根河之恋》联系名著阅读作答题：

24. 鄂温克人与根河有着密切的联系。下列对经典作品中环境与人物的联系，理解不正确的一项是（3分）

A. 大观园是《红楼梦》中人物活动的一个主要场所。正是这个众姐妹诗意生活着的"世外桃源"，造就了贾宝玉力求摆脱世俗的叛逆性格。

B.《边城》的故事发生在20世纪30年代湘西小镇茶峒。山明水净的湘西风光，映衬了翠翠、爷爷、傩送等人物心灵的澄澈与人性的善良美好。

C.《红岩》讲述的是在黎明前的黑暗里共产党员在监狱中艰苦卓绝的斗争。牢房的阴暗、刽子手的凶残，突显了革命者信念的坚定、意志的坚强。

D.《阿Q正传》写的故事以辛亥革命时期的未庄为主要场景。赵太爷、假洋鬼子为代表的统治阶级对阿Q的压迫和欺凌，是阿Q"精神胜利法"形成的重要原因。

将文学常识、作品内容、主题、写作特点结合起来，可以考查学生的知识积累。如2017年由《根河之恋》延展的微写作题：

25. 从下面三个题目中任选一题，按要求作答。180字左右。

①《根河之恋》里，鄂温克人从原有的生活方式走向了新生活，《平凡的世界》里也有类似的故事。请你从中选取一个例子，叙述情

节，并作简要点评。要求：符合原著内容，条理清楚。

②请从《红楼梦》中的林黛玉、薛宝钗、史湘云、香菱之中选择一人，用一种花来比喻她，并简要陈述这样比喻的理由。要求：依据原著，自圆其说。

③如果请你从《边城》里的翠翠、《红岩》里的江姐、《一件小事》里的人力车夫、《老人与海》里的桑提亚哥之中，选择一个人物，依据某个特定情境，为他（她）设计一尊雕像，你将怎样设计呢？要求：描述雕像的体态、外貌、神情等特征，并依据原著说明设计的意图。

以上试题，无论是写景状物的抒情性散文还是思辨类的哲理散文，无论是对句子、文意、写法的思考、鉴赏还是联系生活进行拓展评价，无不是在落实对学生基本语文能力的考查。北京高考语文试题是在稳中寻求变化。教师对学生的学习思维能力的培养，也应稳中求变，稳中见新。

（四）答案开放多元：文本试题，个性解读。

仔细研究北京高考语文试卷，不难发现，随着新课改的深化，文学类文本阅读试题的答案更加开放多元，学生在解读文本试题中的个性思考更受到关注。如2016年《白鹿原上奏响一支老腔》的阅读题：

22. 文中运用了侧面描写的手法来表现老腔的艺术魅力。请举两例并加以分析。

24. 文章第四段运用了多种手法，表达了作者对老腔的感受。请结合具体语句加以赏析。

以上两题，考生阅读提炼与个性化思考的空间较为开阔，答案不唯一。从近年的考查要点来看，所谓的定点阅读鉴赏趋于淡化。答案趋向多点多元解读，答案更加具有开放性，有利于学生思考。在作品赏析题中，考生更具有参与意识。

联系近年尤其是 2017 年北京高考语文的《考试说明》对学生阅读能力的要求，也可以看出，对学生能力的相关要求是立足学生实际的，是在稳中求进的。近年的试题更强调体现高考的育人功能，提高学生的社会责任感、创新精神和实践能力。其中，对中外文学经典的考查内容为：对作品基本内容、主旨的整体把握；结合作品相关内容，对人物形象、思想内涵和艺术特色的理解、分析；基于知识积累和生活经验，对作品价值、意义的感悟和评价。对学生能力的考察有以下九点：

1. 文中重要词语的理解和解释；

2. 文中重要句子的理解和解释；

3. 对文本结构、作者思路的梳理和分析；

4. 对文本内容的归纳和概括；

5. 对作者思想感情、观点态度的理解、分析和概括；

6. 对文学作品思想内容、作者情感的把握和评价；

7. 对文学作品语言、表现手法和艺术形象的赏析；

8. 从不同角度和层面对文本内容或形式的体察、阐发和评价；

9. 基于知识积累和生活经验对文本意蕴的思考、领悟和探究。

以上九个能力考查点恰与教师平时散文教学中提高学生的鉴赏能力的要求相吻合。老师在引导学生学习时，必须培养学生对散文这种文学体裁的形象、语言和表达技巧的鉴别和赏析能力。要想提高鉴赏能力，必须具备一定的理论知识和基本素质。在文学作品中，形象既指具体人物（个体、群体），也指寄托情感、哲理或象征某种人物、精神的物象、景象。鉴赏形象，包括对某一形象的认知、判断，对其特点的把握，对其典型意义的分析，也包括对不同形象的比较分析。这与新课标中"感受作品中的艺术形象，理解欣赏作品的语言表达，把握作品的内涵，理解作者的创作意图，结合自己的生活经验和阅读写作的经历，加深对作品的理解"的要求相吻合。在此基础上，学生可以发现作者独特的艺术创造，从语言、构思、形象、意蕴、情感等多个角度欣赏作品，获得审美体验，认识作品的美学价值。

二、对语文教学的思考

在这样的背景下，如何进行语文教学？以下为本人现在所带的高三学生散文《精神的殿堂》阅读练习成绩分析：

表2　散文《精神的殿堂》阅读成绩分析

题号	19	20（1）	20（2）	21	22
分值	3分	4分	3分	4分	4分
平均得分	2.649	1.595	2.378	1.622	3.487
得分率	88.29%	39.87%	79.28%	40.54%	87.16%

此道大题满分共18分，学生平均得分11.72973分，总得分率为65.17%。学生得分率较低的两道题是两道侧重内容及句子理解的分析题。

如第20（1）题是：

作者说，雨果和左拉"生平的'说明牌'上"的"文字不多，表述的内容却自有其独特的角度"，结合文本，谈谈你对"独特的角度"内涵的理解。（4分）

此题的参考答案依据文章的相关段落："我要见的维克多·雨果就在这里。……雨果与另一位法国文豪左拉同在一室，一左一右，分列两边。……我注意到，展示着他们生平的'说明牌'上，文字不多，表述的内容却自有其独特的角度。比如对于雨果，特别强调他由于反对拿破仑政变、坚持自己的政见而遭到迫害，因此到英国与比利时逃亡 19 年。1870 年回国后，他还拒绝拿破仑第三的特赦。再比如左拉，特意提到他为受到法国军方陷害的犹太血统的军官德雷福斯鸣冤，因而被判徒刑。"对此，学生需整合句间关系，注意"比如"一词使前后文形成被证明与证明的关系，然后整合要点，即可得出参考答案"注重的不是这些伟人的累累硕果（2 分），而是他们非凡的思想历程与个性精神（2 分）"。

21 题是：

文中"卢梭的棺木很美，雕刻非常精细。正面雕了一扇门，门儿微启，伸出一只手，送出一枝花来"这句话耐人寻味。请分别从形式和内容两方面简要赏析。（4 分）

此题考查学生对句子的理解和对写作手法的鉴赏。由浅入深思考，学生就不难理解作者运用了描写的表达方式（1 分），绘出了卢梭的棺木的精致美丽和与众不同（1 分）。"一枝花"象征卢梭一直在把这样灿烂和芬芳的精神奉献给人类，从生到死，直到永远（2 分）。

以上试题侧重考查学生对文本的概括理解能力，但学生作答并不理想，原因较多，但就其根本而言，是学生散文阅读的思维品质还不够理想。这种思维品质，在高三阶段需进一步加强。

由此反思目前的高中语文教学，尤其是散文阅读教学，学生的阅读能力还是有待提高的。在高一、高二，语文阅读教学似乎开展得轰轰烈烈，但由于课时或测试指标等诸多因素的影响，忽视文本自身的审美特点，以群体代个体、以讲代读、以讲代悟的现象仍普遍存在。一篇篇美文往往在课堂上或被大而化之，或被分解，美感大打折扣。学生阅读水平和综合能力不足，实际上是课堂教学效率不高的表现。这不仅不利于落实语文阅读教学的要求，在一定程度上还制约了学生思维的全面发展。

因此，高考散文教学需要整合文本资源，提高教学效率。通过一段时间的教学实践，我认为，在高中语文的阅读教学中，尤其是在高三散文阅读教学中，根据学情，立足学生发展，精心整合散文阅读的教学资源，巧妙进行教学设计，让学生深入文本，多角度地对文本进行品读思考，让学生对散文阅读真正融会贯通，这不仅有利于语文阅读教学，更有利于课堂教学效率的提高。

（一）立足高三学情，以专题理念整合资源。

在以往的语文教学模式中，传统篇目的单篇复习似乎更得到教师的关注，但教学内容难以出新。通过一段教学研究，我认为，教师应该研读文本，对文本内容了然于胸，然后对一些阅读篇目或专题教学进行巧妙的重组，精心整合模块教学资源，逐步实施，这对提高课堂效率很有帮助。

高考对学生散文阅读能力的考查，无论是词句理解还是写作手法鉴赏，其实都是在学生理解内容主旨基础上的考查。高三阶段散文阅读教学，应立足整体阅读，读懂文章，把握文章主旨。在此阶段，应以专题教学理念为指导，精心整合阅读教学资源，巧妙进行教学设计，重视对学生的思维训练，让学生深入文本，在强化学生阅读思维训练的前提下，强化学生快速梳理文本的意识。在此基础上，结合阅读考查点，逐项练习，进行局部精读，进一步对试题做有效解答。

笔者通过对北京高考散文文本的分析，发现如《海棠花》《司马祠》《碧云寺的秋色》《合欢树》之类的文本，其千差万别的题目背后总有一样东西似乎是不变的，那就是生动而具体的物象背后都具有抽象的象征内涵。

散文，就写作特点而言，往往灵活多样。《精神的殿堂》《徽州路上》《皋兰夜语》等，抒情说理，各有特点。《海棠花》讲的是思乡爱国之情，文中运用了多种写作手法来描写海棠花，纯粹抒情的句子并不多。《精神的殿堂》是议论抒情文阅读练习的佳品。《徽州道上》《皋兰夜语》是以人物或叙事为核心的散淡的抒情文。《黑白苏州》则纤柔细腻而又理性十足。

就写作内容而言，《海棠花》《皋兰夜语》两篇散文，突出对人生与自然的思考，《精神的殿堂》《徽州道上》《黑白苏州》《祁连雪》《司马祠》《心灵的篝火》等作品文风不同，作者的情感表达角度也不同。做专题教学可从"人物类""情思类""象征类""哲理类"等方面指导学生做比较赏析。

高考散文复习教学，设计角度可以多元，可找一个点切入组合文本，引导学生阅读复习，这对学生阅读思维能力和解题能力的提高均有帮助。

同时还要关注的是，这种专题教学的资料应是分层次的，要有目的性和挑战性，要能满足不同层次的学生的要求，而不是杂乱无章地把资料给学生，弄得学生六神无主。教学最好不以课时来计算，而应以课段来计算。在高三有限的时间内，应尽量给予学生充分的自由，让学生的思想成为教学的主线。

（二）立足学生思维发展，文本利用形成进阶。

高三散文教学中，学生的解题能力更值得关注。学生在答题中出现了读不懂答不对、似懂非懂拿不准、读得懂答不好等情况，此时的散文教学，资源整合应以思维训练为契机，增强学生阅读的有效性。

在这一阶段的散文教学实践中，笔者通过思考比较，做了一点尝试，选择了九篇主旨含蓄程度不同的散文文本，对学生进行阅读思维的培养，指导学生理解和把握文本的情感，通过分课时教学，集中实现了以下教学目标：

1. 感知整体，强化学生梳理阅读思路的意识：学习抓词眼、句眼、段眼、文眼，准确找出一篇散文的关键句，理清文章脉络；

2. 掌握局部，解读重要语句，要求学生准确理解散文的主旨，领会作者独特的感悟。

在散文教学设计中，笔者特地选择高考试题及模拟试题中打磨较为圆熟的文本，阅读难度由浅入深，由易而难，能力训练逐步提升。教学进程如下：

（1）第一课时（起始课）：

整体阅读。以《海棠花》《皋兰夜雨》为阅读材料，这两篇散文线索较清晰，教学重在梳理文本思路，把握感情。指导学生找词眼、句眼、段眼，进而把握文章各层次之间的关联，最终找出文眼。此课时以师生、文本对话为主。

（2）第二课时（教读课）：

从整体阅读到局部阅读。学生练习完成《黑白苏州》《精神的殿堂》的层次梳理，其中《黑白苏州》整体梳理（第3题）和情感分析（第2题）是对上节课的呼应，而《精神的殿堂》的语句更为含蓄（如第19题），教师指导学生对文中主旨语句进行分析理解。教师与学生共同审读相关题目，再回到文本进行局部阅读，理解重要语句。此课时仍以师生、文本对话为主。

（3）第三课时（自读课）：

在前两节课整体感知文本、局部阅读的基础上，学生以组为单位，梳理难度平稳的《飞翔的古树》及《心灵的篝火》，教师就两篇文本的行文思路及学生感兴趣的重点语句自命题，并自拟答案。此节课的目的在于延续前两节课的整体阅读、局部精读。之后各组学生阐释他们整体感知、梳理文本到局部阅读及对重要句子解读的体会。各组交流从读文到作答的感受。此课时以学生之间的对话为主，教师可适时点拨。

（4）第四—五课时（检测课）：

限时完成《徽州道上》阅读题，师生就错误率较高的试题进行解析。讨论《司马祠》《祁连雪》，做评价设计。

这两课时前期以师生对话为主，后期力求促使学生独立高效地进行文本对话。通过具体实施及检测，学生成绩较好，达到了预期效果。

教师要善于发现问题，努力对语文课堂教学资源进行整合，这有助于提高高三语文课堂教学效率。无论教学内容怎样，新课程标准的理念核心仍是"为了每一位学生的发展"，这应是评价课堂教学的唯一标准。在这种理念的指导和支撑下，高三更应着眼于学生的思维发展，不能一味地把文本当作是知识的载体。课堂教学是教师和学生共同探究新知识、发现新思路的过程，课程是由教材、教师、学生、教学情景、教学环境构成的一种生态系统。

（三）立足学生任务学习，灵活设计，促进学生成长。

学生的语文课堂学习是学生积极主动地获取知识的过程。老师在教学当中要善于利用课程资源，不必拘泥于教材和教案。教师应针对学生不同的个性特征、不同的知识基础、不同的知识层次、不同的欣赏口味、不同的接受能力，设计多层次的教学目标，运用不同的教学方法，使全体学生在原有的基础上学有所得，在学习的过程中体会到探求知识、获取知识的快乐。在课堂教学中，老师的知识在系统性和框架上要起到高屋建瓴的导向作用，但对具体的问题无须做细致的准备。这样既能保证教师"导"的作用，又能使得师生面对同一问题处于同一起跑线上，有利于师生共同参与交流，有利于课堂效率的提高。

如《徽州道上》课堂教学问题的设置源自学生课堂出现的问题。

分读到位（学生感"形"——读人物）、品出彩（学生绘"形"——示心理）、有思考（学生悟"神"——掘内涵）、能延伸（课堂练习及作业）四个环节，这四个环节以学生口头表达活动、书写活动、研讨活动的形式呈现，环环相扣，层层推进。对第三个环节，让学生体会文中老师的形象及结尾的作用（即"我突然意识到，我们正行进在徽州古道上"），请学生想象，假如自己是作者，此时此刻，你有何想法（30 字左右）。

生 1：自然有风雨，人生也有风雨，在我未来的人生路上，我要努力，更要坦然面对我的人生。

生 2：老师的人生如茶，有浓烈也有淡然，有风也有雨，无怨无悔，归去，让人生也无风雨也无晴。

所有学生的展示皆由课堂生成，不做作。在此基础上进行的课堂拓展延伸也就水到渠成了。

自由开放的课堂教学，可以激发学生的学习动力，不断激起学生的探索、发现、联想、想象和表现的欲望，让学生的思维、心理状态处于开放状态，为学生的思维创设更广阔、更自由的空间，为学生展现自我、获取成功带来机遇。对一篇材料，乃至一个单元的理解，调动学生自己的生活经历和情感体验，学生可以触类旁通。这样做不仅丰富了教学资源，也促进了学生健康和谐地发展，更提高了课堂教学效率。

　　总之，北京高考文学类文本阅读，无论是试题呈现还是语文课堂教学，都要立足于提高学生的语文核心素养这个基点。新课改及其影响下的高考试题，稳中求变、不断探索前行是其特征。教师应有高站位、大视野，在有效指导学生养成阅读习惯的基础上，对高三散文教学资源可借助专题进行灵活有效的分类整合，这样既能促进学生阅读思维的提升，也能提高课堂教学效率，教师在不断的教学实践与反思中也能得到提升。

散文文体教学的要求与策略
——兼及对散文文体教学历史的省察

北京市西城区教育研修学院　　　杜志兵

　　自 20 世纪初开始在国民教育中明确以文体来开展语文教学以来，散文一直都是语文教学中的主导文类，散文教学成为现今中学语文教学的一个主要特色。这是对"五四"以来语体散文教学（如《国文百八篇》）的继承与借鉴。1963 年，中小学《语文教学大纲》明确提出，"课文以散文为主"，"散文可占课文总数的 80%"，并要求落实在当时的统编语文教材中。从此之后，就再也没有国家文件就语文选材的要求作如此"高大上"的宣示或说明，自然也就难以撼动这一其实是既定事实的所谓"传统"。

　　虽然如此，现实中的散文文体教学仍然是一个既熟悉又陌生的领域。说它熟悉，是因为散文文体教学时来已久，积累了很多的思考与实践；说它陌生，是因为一直到现在，相当多人还在慨叹，鲜有在散文教学领域真正得心应手的高手。说到底，散文到底是怎么回事，应该怎么样开展散文教学，即便是所谓语文教育圈中之人，亦无法完全解答这些问题。

　　散文教学究竟可以在怎样的框架下来开展？要回答这样一个问题，

首先需要明确，我们一直在作怎样的散文教学。《国文百八篇》时代，教材中虽有不少缺憾，但有一点必须肯定，即教材紧密依据汉语言文字的特点，努力探索本民族语文的学习途径与方法，教材对于生活化的语言文字材料的剪裁成为其最突出也是影响最大的特点。生活化的表现之一，是表达的自由与随机。新中国成立伊始的十七年时期，关于散文就有"形散而神不散"的说法。即便在后来的新时期又形成有多种说法，"形散而神不散"的说法仍然长盛不衰。

然而，这一说法，在学理方面存在着根本性缺陷。

"形散而神不散"中的"形"与"神"，其实是对中国文化（包括哲学与文学）中的"形"与"神"的借用。正因为如此，我们不妨从学理上对这对概念作一些回溯。

"形"与"神"最初是一对哲学概念。荀子说："形具而神生。"（《荀子·天论》）意思是说人的身体形成了，也就有了心理。东汉的桓谭、王充以及南北朝时期的范缜相继发展了这一组概念，并逐渐提出"形质神用"的说法。发展到魏晋时期，这一对概念又被引入绘画领域。大画家顾恺之在人物画的表现方面，明确提出"以形写神"的要求，也就是注意所刻画的人物的内心活动与表情动态的一致性。

首先将"形"与"神"引入文学批评领域的是大批评家刘勰。他在《文心雕龙·夸饰》中写道："神道难摹，精言不能追其极；形器易写，壮辞可得喻其真。"意谓创作之难在于传"神"，而形貌的描写则可以通过夸饰来实现。这实际上就明确了文艺创作中"形"与"神"的关系——此中的"形"与"神"，肇自哲学中的"形"与"神"，又有对绘画理论的借鉴，意蕴丰富多变。从根本上来说，"形"与"神"之间的关系，相当于外相与内涵的关系或具象与抽象的关系。

可见，只要认为散文中也有"形"与"神"，那么散文中的"形"与"神"应该是指散文的内容呈现与其所表达的旨趣之间的联系，而非内容的多寡、聚散与其所表达的旨趣之间的联系。如此看来，所谓的"形散而神不散"，停留在"形神兼具"的审美层面上，其实是一种谬误。

也许有人会问，为什么这一并不真实的命题却主导着散文教学的路径与目标，在几十年中"霸占"着中学语文教学甚至高校写作课教学的阵地呢？这与多年来散文教学的实际有关。

从教学素材来看，1963 年《语文教学大纲》对散文教学素材的界定，让散文实际上缺少准确的文类特征，这就给人一种假象，以为散文的特征就是"散"或"杂"，即所谓的"形散"。同时，"文章合为时而著，歌诗合为事而作"的创作与教化传统，又迫使教学环境中的各方先验地认为每一篇散文都一定有明确的主旨，因此就有了"不散"或"聚"这样的描述。

从教学实践的角度来看，课堂教学特别重视教学活动的可操作性，否则就难以实施。"形散而神不散"虽然在学理上不够稳健，但是也并非完全错误。这种说法与教学形式特别契合的是，它可以依靠一些教学的实操来设计具体的教学流程，也容易用一种并不错的结果来作为散文教学的物化成果。在作品的理解层面，很少有错误的答案，只会有不符合实际表达目的的理解，这也加剧了几十年来在这一教条影响下课堂教学中的陈陈相因。时至今日，我们仍然可以频繁看到"形散而神不散"或者"形散神聚"的教学设计目标，左右着课堂教学。这一说法虽然不至于有害，却因为其先天的不足而对学生思维的养成与训练毫无益处。

退一步讲，即使"形散神不散"这一说法并非完全错误甚而至于也曾有效，但是更加重要的是，散文的教学如何在这一篇和这一类之间建立起联系，这才是真正有意义的教学思考。也就是说，对"形"与"神"之间关系的清点与把握才是散文教学的正途。

这就关涉到语文教学的关键环节：如何在促进语文思维的层面完成语文教学。我们不妨再回到对散文文类的把握上。上海师大的王荣生教授曾断言说，在中小学语文教学中，散文特指现代散文。即便如此，王教授也无法界定现代散文的特性，甚至也不能正面描述现代散文的某些特征。因此，他相当于是用排除的方法，借"剩余下来"这样一种被动的描述为散文文类作了一种"隐性的罗列"。王教授说：它（现代散文）主要有两种所指：（1）宽泛的：除去诗歌、小说、戏剧等"纯文学"和实用文章之外的，并剔除通讯、特写、报告文学、报刊言论文章、演讲词、科普小品、学术札记等已经独立门户的亚文类之后，剩余下来的那些作品。（2）紧缩的：在上述范围之外，进一步圈出回忆录、序言、杂文、散文诗等文体特征已比较清晰的亚文类，所剩余下来的那些作品；或者只收纳其中"文学性"较显著的一小部分，与仍"被剩余"的合并，统称为"文学性的散文"。

这种"隐性的罗列"，说到底仍然解决不了散文文类的根本问题。但是这样一种梳理，也许可以引导我们在散文文类的问题上调整一下思路。

正如此前所述，20世纪60年代以来，统编教材以散文为主导文类。产生这一现象，有当时的政治和社会环境的因素，也有当时可选文本较少等现实条件的因素。那么，时至今日，我们面临社会环境的极大改变，面对跟20世纪60年代相比多出几十倍、成百倍的文本选择量，我们是不是已经掌握了散文教学选材的主动权？我们有条件对散文名家、散文名篇作比较全面的选择，然而是不是也会免不了面对海量文字无所适从的尴尬？甚而至于，会不会从过去无可选只好杂选的尴尬转换到见什么选什么结果良莠不齐的另一种尴尬？

那么，如何避免散文素材选择中的这种种尴尬呢？应该说，随着社会环境的变化与开通，尤其是中学语文教育研究意识的不断觉醒，以及实际可选文本本身条件的极大改观，中小学语文教学中的散文教学，可以有教学主体尤其是其中的教师个体不断自觉、主动地去协调和改造的余地。正因为如此，我想，我们不妨沉下心来，建立一些足够深入散文情怀、足够深入教学要求的标准。

文学作品，尤其是作为语文教学材料的文学作品，要有足够的可读性。阅读为沟通和碰撞而来，毫无可读性的文字是无法实现沟通与碰撞的。散文作品，就应该具有文学性。散文作品的文学性，应该是其能否成为教学素材的首要条件。

作品的阅读与教学要有心灵的沟通与碰撞。这是因为，"我"的存在是散文区别于其他文体的一个重要方面。在散文的创作中，对"我"的隐藏是一个传统的事实；而散文阅读的乐趣也就在于对"我"的发现，以及这种发现对现实的阅读者的影响——这其实也就是一种阅读期待。这种影响历经岁月洗礼而不褪色。大概只有灵性与理性，才能够在思维层面上发挥对人心的影响。

同时，几乎没有人能够否认，散文要为学生心灵的成长提供一块柔软的着陆地，因而应该有足够的人文情怀。中学生的人生阶段还刚起步，思维还在发展渐进，对一切都极想适应又相对叛逆。与此相呼应，文学作品具有一定的舒展性，才能够在最柔软的情怀上发挥最细致的教化与引导。

我们力求推动一种深入人心的选择与安排，并非是要鼓动大家成为教材的编选家。首先是因为，本来就已经有这样的专门部门，如果过多地让中学一线老师承担这样的任务，将造成社会资源的极大浪费。毫无疑问的是，教材编选部门的选文会在编选学理以及编选策略方面有相对全面的考虑，有更加精良的文章学意义上的加工。在某种意义上，这些选文的信度相对来说是比较高的。因此，我们更倾向于能够借用现成的教材，作更加细致的效率方面的规划与设计。

如此一来，在面对作为教学素材的某一册内容安排时，尽管教材编者有这样那样的编排考虑，尽管教材框架有相对繁复的多个散文单元，尽管前辈教师有难以数计的教学设计方案，一些深入的思考还是可以使我们发现：在面对《荷塘月色》（朱自清）、《我的空中楼阁》（李乐薇）、《我与地坛》（史铁生）以及《花未眠》（川端康成）这些散文时，首先要将所面对的教学素材处理为语言文字作品，从而给予这些作品足够的涵泳空间；学生要在教师引导下把握语句间的关系、段落层次，以此洞察整篇作品的"形"之所在，思考景语和情语、想象和现实、生存与生活、琐见与哲思。这实际上就是在充分调动"字词句篇语逻修文"，"得其意"，完成对于"形"的把握，进而在文字与情志层面，以意逆志，"得其心"，完成对于"神"的把握。单篇突进，在基本的语文训练之中，尝试"得其法"。"得其法"只是一种可能，因为散文阅读不可能一蹴而就，散文的教学还有其他一些环节。

在单元教学之后，要有由这一篇到这一类的转变，也就是单元教学的延伸与加强，可以用《囚绿记》《爱尔克的灯光》《灯》作一些后续的巩固、补充。

这样一来，借助对景语和情语、想象和现实、生存与生活、琐见与哲思的思考，可以在散文和读者、散文和教学、散文和阅读之间建立起深入的联系，从而有利于在散文文体教学层面作更加明确的规划，有利于师生在语文思维的层面上作多层次的对接与交流，有利于在课程与教材层面为散文文体教学建立相对精准的平台并预留发展的空间。

在这样的教学中，我们有理由期待，在语文学科思维的呈现与渗透中，语文学科教学的目标可以更加明晰，语文学科教学的方法可以更加灵动，语文课堂教学活动的节奏可以得到调整。那么，深入积累语言表达的经验（规范表达与创造性表达）、逐步舒展自由性灵的主张（思维力度与批判性思维）、持续培养中和雅正的情感（情感取向与个体性情感）将成为可能，真正深入而且有效的散文文体教学也将成为可能。

落实整本书阅读，加大传统文化渗透

——以近三年高考语文北京卷为例

北京市第八十中学　　涂洁

　　2017 年高考语文学科以《国务院关于深化考试招生制度改革的实施意见》为基础，注重语文学科的基础性、综合性和应用性，注重考查学生的阅读和表达能力。在考查学生独立思考能力的同时，也加强了对名著阅读和中国优秀传统文化的考查。笔者将以近二年高考语文北京卷为例，进行简要分析。

一、突出重点，加强对整本书阅读的考查

　　《普通高中语文课程标准（2003 年版）》（以下简称课标）在必修课程的课程目标里明确指出：在阅读与鉴赏教学中，让学生具有广泛的阅读兴趣，努力扩大阅读视野。学会正确、自主地选择阅读材料，读好书，读整本书，丰富自己的精神世界，提高文化品位。课外自读文学名著（五部以上）及其他读物，总量不少于 150 万字。在 2016 年的高考语文北京卷《考试说明》中，首次增加"经典阅读"要求，并增加《红楼梦》等 12 部经典阅读篇目。2017 年，对于中学生的阅读

要求再次提升，高考语文北京卷《考试说明》将《红楼梦》《呐喊》《边城》《红岩》《平凡的世界》《老人与海》6 部名著纳入必考范围。《考试说明》要求考生把握作品基本内容、主旨，结合作品相关内容，对人物形象、思想内涵、艺术特色、表现手法等进行理解、分析，并评价作品的价值、意义。

可见，对于整本书阅读的考查力度正在逐渐加大，笔者以 2015—2017 年 3 年间的高考语文北京卷名著阅读考查为例，进行简要分析。

（一）测试材料分析

2015 年高考语文北京卷中，有两处涉及了对经典名著的考查。第一处以《论语·侍坐》为测试材料，考试题型为填空题与简答题，赋分 6 分，考查学生对经典名著的识记能力和分析能力。第二处考查出现在微写作中，赋分 10 分，为三选一的题目，其中一题为以《三国演义》《巴黎圣母院》《四世同堂》和《平凡的世界》为选择对象，考查学生结合原著某一个章节或片段的内容写图书推荐语的能力。可以看出，此时对经典名著的考查还处于片段化的阶段，学生可以在没有对整本书进行阅读的情况下完成试题。2016 年高考语文北京卷虽然没有直接出现名著阅读试题，但在现代文阅读《白鹿原上奏响一支老腔》中已经涉及陈忠实的《白鹿原》，体现了将学生的现实阅读经验与先前的阅读经验相融合的意识。2017 年高考语文北京卷中，基于《考试说明》的要求，对名著阅读的考查呈现出多样化的特点。这套试卷有两处涉及对名著阅读的考查。第一处出现在现代文阅读《根河之恋》中，由"鄂温克人与根河的密切联系"出发，考查学生对《红楼梦》《边城》《红岩》《阿 Q 正传》四部经典名著中环境与人物关系的理解，赋分 3 分。第二处出现在微写作中，值得注意的是微写作三个备选题目均涉及经典名著，分别从情节、人物、环境三个角度考查学生对经典名著的掌握情况，赋分 10 分。2017 年北京卷的名著阅读考查题，不仅强调学生要在通读整本书的前提之下，对作品基本内容、情节、人物形象、主旨等的把握，同时体现了读写结合，注重学生对作品的理解与感悟，鼓励学生个性化的思考与表达。

（二）启示

文学名著、文化经典是人类的文化瑰宝，在高考语文中考查对文学名著和文化经典的阅读，对学生而言，既是提高道德修养、丰富情感体验的需要，也是加深文化理解、强化民族认同感的需要。《中国学生发展核心素养》提出"文化基础"，在语文课程中主要表现为"人文底蕴"，指向对人文积淀、人文情怀的关注。2017 年的高考语文北京卷中，考查了 6 部名著，2018 年增加至 12 部，由此可见，对文学名著、文化经典的考查力度将逐渐加大。中学语文课本设置有"名著阅读"的教学内容，这促使广大一线语文教师开始探索对整本书阅读的教学方法。近二年考查的经典名著大多是中篇小说甚至是长篇小说，这使得整本书阅读教学开始成为语文教学的新内容。这一类文本的教学有别于单篇课文的教学。

"读整本书"这一概念，古已有之。在《论语》中，孔子对儿子孔鲤说："不学《诗》，无以言。"（《论语·季氏》）四书五经是历代士人必读的整本书，朱熹还专门写过《读〈论语〉〈孟子〉法》《朱子读书法》这种指导读整本书的文章，并且有精到的论述。到了 1941 年，著名教育家叶圣陶先生就明确提出"读整本的书"的观点。叶圣陶曾说："把整本书作主体，把单篇短章做辅佐。"阅读单篇课文时可以"一次性"完成信息的提取、整合，而整本书的信息量很大，需要学生在阅读的过程中边阅读边记录，学生用自己熟悉且方便的方式逐步对文本情节、人物等进行梳理、分类，进而完成对整本书内容、主旨的整合、概括。在整本书阅读的过程中，学生梳理文章脉络，撰写章节摘要，选择适当的阅读策略循序渐进地深入文本，理解主题，追问人性，不断调动各个能力要素，理解感悟经典作品的内容情节、人物形象，把握作品的基本内容、主旨，逐渐发展个人的综合能力，以读促写，完成个性化的思考与表达。

对于整本书阅读教学的设计，首先要有明确的课程目标定位，即：具有广阔的阅读视野，养成良好的阅读习惯，多角度探究文本意义，建构合理的阅读策略。其次要选择教学内容，以《考试说明》规定的 12 本名著为教学内容。再次是要对实施过程进行设计，以"整"为出发点，合理组合阅读与鉴赏活动、表达与交流活动、梳理与探究活动，帮助学生梳理整本书的内容特点、语言风格和情感倾向，并与其他阅读内容建立联系，与自己生活的世界建立联系，进而完成文化的传承与理解。要突出整体性，强调综合性，完成对整本书阅读的教学。同时，读书的过程也是一个情动的过程、思考的过程、见识形成的过程，情、思、识是写作的关键内因，整本书的阅读不仅要致力于提升学生的阅读能力，还要致力于培养学生的写作内因，促进学生通过阅读打通写作关口，通过写作加深阅读体悟。

二、讲求传承，加强对中国优秀传统文化的考查

课标明确指出，高中生应学习中国古代优秀作品，体会其中蕴含的中华民族精神，为形成一定的传统文化底蕴奠定基础。高中生应学习从历史发展的角度理解古代文学作品的内容价值，从中汲取民族智慧；用现代观念审视作品，评价其积极意义与历史局限。传统文化是文化的重要组成部分，在我国文化体系中占有举足轻重的地位。语文教育是我国教育教学体系中的关键内容，传统文化在高中语文教育中

的价值渗透，对于学生的素养提升与文化传承都有着重要的作用。考查中国传统文化的目的在于使学生了解中国优秀传统文化的历史渊源、发展脉络、基本走向，把握中华文化的价值理念、鲜明特色，增强文化自信和价值观自信。

2016 年初，教育部召开有关高考命题工作会议，明确要求各学科要全面贯彻"一点四面"的命题精神，加强对中国优秀传统文化的考查，引导学生提高人文素养，传承民族精神，树立民族自信心和自豪感。笔者以 2015—2017 年三年的高考语文北京卷为例，分析试题里体现出的传统文化要素，以及传统文化体现出的时代价值。

（一）测试材料分析

近三年来的高考语文北京卷长文本阅读均提供了三个材料，其中 2015 年主题为"印刷技术"，介绍中国汉字信息技术发展与汉字文化；2017 年主题为"文物和博物馆"，体现出对于历史文化、大众文化、消费文化的深度思考，既有阅读深度，又贴近学生生活现实，消弭了学生阅读的隔离感。同时，选择材料时兼顾人文与科技的角度，题目呈现形式上将成语、诗歌与文章内容结合起来，更加灵活地考查学生的理解能力和分析综合能力。就文言文阅读材料来说，2015 年测试材料选自《吕氏春秋·去私》，《吕氏春秋》是由秦国丞相吕不韦主编的一部类似百科全书似的传世巨著；2016 年测试材料选自《管子·轻重》，是一篇说理散文，体现了先秦的经济思想；2017 年测试材料为《秦废封建》，对秦汉时期的分封制度进行论述。就古诗词测试材料来说，2015 年测试材料为苏轼词《醉翁操》；2016 年测试材料为陆游诗《西村》，描写山阴西村清新优美的自然景象，以过去的游历衬托现在的游历，情味深长，抒发了无限喜悦之情；2017 年测试材料为王维诗《晓行巴峡》，这首诗体现的是传统中国文人的山水情怀和思乡意识。就大阅读材料来说，2015 年测试材料为《说起梅花》，赞美中国人的民族精神；2016 年测试材料为《白鹿原奏响一支老腔》，介绍关中地区的老腔艺术文化；2017 年测试材料为《根河之恋》，以鄂温克族的寻根意识和鲜明的民族文化底蕴为写作主题。微写作部分则主要结合名著阅读，体现对传统文化思想、传统生活方式的深层解读。

（二）启示

分析以上测试材料，可以看出，命题者为彰显时代特色，突出命题重点，着力于对唐诗、宋词进行考查。结合具体测试内容，发现命题者在考查中国优秀传统文化时，重视中国优秀传统文化的现实意义。如 2016 年北京卷文言文最后一题："本文讲述了管子运用谋略的故事，你从中获得了哪些启示？请结合文章内容具体回答。"测试材料不仅反映了以爱国主义为核心的民族精神，还利用高考影响力来提升学生的审美感知力和文化素养，在选择测试材料时优中选优，从整体上检验考生对文学作品形象和思想情感的理解，以期唤醒考生对中国传统文化的热爱。

传统文化是我国宝贵的历史遗产，在高中语文教学中，广大一线语文教师应充分利用教材中的古诗文、常规课堂教学、课外诵读实践活动等方式，带领学生感悟与弘扬传统文化精神。

参考文献

鄢文龙 2016《2016 年高考古代诗歌阅读考情分析、命题透视暨备考指导》，《试题与研究》第 11 期。

温儒敏 2015《倡导名著阅读，还须讲究方法》，《创新人才教育》第 3 期。

程翔 2017《从"整本书阅读"的学科定位谈起》，《中学语文教学》第 1 期。

明一 2015《聚焦立德树人　引领语文改革》，《中国考试》第 11 期。

胡凌 2015《论高中语文教学中传统文化的参透》，《语文教学通讯》第 1 期。

李煜晖 2017《略谈整本书阅读课程方案的设计》，《中学语文教学》第 2 期。

吴欣歆 2017《语文课程视野下的整本书阅读》，《课程　教材　教法》第 5 期。

郑国民、任明满、尹芳 2016《2016 年全国高考语文试题研究报告》，北京：北京师范大学出版社。

成绩显著，再求突破

——北京高考语文语言运用考查之我见

北京陈经纶中学　　　李良益

北京高考自主命题已经16年了，16年的高考试题遵循了稳中求变的总体思路，在基本题型结构保持稳定的前提下，实现了部分模块的改革变化，形成了北京卷独有的特色。其中变化最大的一块是语言运用题。

北京和全国其他省市的高考《考试说明》里都有这么三个考点：一是语言表达的准确、简明、连贯、得体；二是常见修辞方法的运用；三是标点符号的使用。这三个考点，我们称之为语言运用考查，对应的试题，我们通常称之为语言运用题。

北京卷的语言运用题经历了三个阶段，先是传统的语言运用题，继而是阅读延伸题，最后是有北京特色的微写作题。

通过多年一线教学和备考的经历，我觉得，语言运用考查最好的题型是传统的语言运用题，其次是微写作，最后才是阅读延伸题。

一

语文高考北京卷的语言运用考查经历了三个阶段。

第一阶段，2002 年至 2009 年，这八年的语言运用题和全国其他省市的语言运用题没有什么差别，三道题 10 分，题目单独设置在大阅读后面、作文前面。

题目设置可谓丰富多彩，灵动多样。从考查方式上看，有扩展语句、压缩语段、句式变换、仿用句式、修改语病、语言连贯、图文转换、简明得体、准确鲜明生动等多种类型，具体的题目命制从编写手机短信到拟写通知请柬，从编写串联词到图文信息转换，从对对联到提取关键信息为新闻拟标题等。据有的研究者研究总结，有多达 25 种之多的语言运用题型。

各省市的语言运用题，命题材料多为：国内外大事、社会热点焦点问题；学生生活的实际、周围的人和事；新科技、新思潮；环保、旅游、教育、文化；名胜古迹、风土人情等。语言运用题考查学生的语文知识，以及综合运用政治、天文、历史、地理、数理化、生物等学科知识解决实际问题的能力。

这些题目指向了语文与生活、语文与自然、语文与社会、语文与个性品质的联系，体现了跳出课本、走向社会、走向自然的特点，这样的考查必然引导学生关注人与自然、人与社会的协调和可持续发展，能很好地培养学生的人格品质与社会责任感。

第二阶段，2010 年至 2014 年，这五年的高考试卷中，原来的语言运用题没有了，原先这道题的位置出现了拓展延伸题，题目数量由原来的两至三道题变成了一道，分值变成了 10 分或是 12 分。题目最开始出现在大阅读后面，后来也有在文言文后面的。

阅读延伸是阅读题的一部分，要求考生读懂作者的写作意图，把握作者的写作主旨，同时又考查学生的写作能力，考生需要结合自己的知识积累、阅读体验和生活经验对文本进行理解、领悟、思考，写出 200 字左右的议论性文字。阅读延伸题是在阅读的基础上做延伸，既考阅读能力，也考写作能力。

第三阶段是 2014 年至 2017 年，这四年的语言运用考查变成了微写作题，属于写作类，占分 10 分，原来的大作文减成 50 分。

微写作实际要比大作文更讲求布局谋篇，更需要敏捷的思维，有更强的针对性。在微写作中，应惜字如金，不要出现废话、套话、空话与大话。相对而言，微写作比大作文更不好写，也更具挑战性。

2014 年的北京卷最为特殊，阅读延伸题保留了，放在了文言文阅读的最后一题，要求考生比较《偃虹堤记》与《岳阳楼记》，用 200 字谈对这两篇文章所抒发的为官情怀的感悟。在大阅读和作文之间，加了一道微写作。2014 年的考生，在一份高考试卷里，其实完成了大小三篇文章的写作，思维量和书写量是北京市高考自主命题以来最重的。

二

《考试说明》，又称为考纲，是一份与考试相关的纲领性文件，它规定了考试的性质、考试的范围、考试的目标与要求。从现代文阅读、语文基础知识的掌握与运用、古诗文阅读到写作，《考试说明》分门别类地一一列举了各个大项中的具体细目。北京卷《考试说明》关于"语言运用"的要求和标准 16 年来没有什么变化，体现为第二大类"语文基础知识的掌握与运用"中的第 4、5、6 条，即：语言表达的准确、简明、连贯、得体，常见修辞方法的运用，标点符号的使用。

统观全国各省市高考试卷，对于语言运用的考查主要有两种方式：一种方式是大多数省市采用的，用专门的模块来考查，多是在作文题之前，分值 10 分，二至三道题；另一种方式是放在阅读题中来考查，如上海卷。

一般来讲，《考试说明》明确了考试内容，在试题命制时，就要依照它来命制题目，虽然不能在某一年的一份考卷里，呈现《考试说明》的所有考点，但应该在连续几年的高考试题中见到与考点对应的题目类型，这样《考试说明》的"说明"才有价值和意义。

北京卷的《考试说明》这些年来一直在做"加法"，2010 年的《考试说明》在原先的现代文和文言文阅读考点后面加上了"从不同角度和层面对文本内容或形式的体察、阐发与评价"和"基于知识积累和生活经验对文本意蕴的思考、领悟与阐释"两个考点，原来的语言运用考点没有减掉，在原来语言运用题的位置上，出现了新的拓展延伸题，这样一直延续了四年。在 2014 年时，《考试说明》增加了"能用精练的语言描述事物，表达观点，抒发情感"这个考点，语言运用题的位置上出现了微写作题，只是试卷把微写作和大作文归拢在一起，属于写作考查，而把拓展延伸题放在了文言文阅读题后面。

有人认为拓展延伸题原本就是阅读题，这种观点恰恰证明了试卷本身对语言运用考点的漠视，北京卷连续五年没有题目考查语言运用，那《考试说明》中语言运用考点就是一个摆设，《考试说明》就失去了它应有的意义和价值。

拓展延伸题出现在原来语言运用题的位置上，赋予的分值又正好是 10 分，而且这道题需要学生结合自己的知识积累、阅读体验和生活经验对文本进行理解、领悟、思考，写出自己的认识、感悟。这道题目放在阅读题后面，受阅读文本内容的限制，这种语言运用表达就失去了与社会生活接近的天然优势。在阅读和写作的考查之外，拓展延伸题，虽然也有"拓展"和"延伸"，但它是由阅读文本而来的"拓展"，是以文本为基础的由内而外的"延伸"，无法像原来的语言运用题那样有二至三道题的题量，不受限制地与广阔的社会生活对接，灵活多变地考查学生。

我们且看北京卷曾经呈现的精彩的语言运用题。

2002 年北京卷第 24 题，仿写："请选择某一事物，通过情境表达自己的思想感受。原作：墙角的花！你孤芳自赏时，天地就小了。"

这道题特别好地把形象思维与逻辑思维结合在一起，考查了学生的生活积累和理性思考。

2006 年第 23 题，新闻点评："请点评下面的这则新闻。（要求：见解独到，是非分明，不超过 30 字。）新学期初，某大学爱心社联合十多所高校，推出了为期 3 天的'爱心大巴'免费接站活动，在北京站前接送同学。由于受到返校大学生的怀疑、猜测，乘客寥寥，而无偿提供的矿泉水和小点心也因无人问津成了摆设。学子们的爱心变成了伤心。"

这道题选取当今社会广泛热议的现象让学生进行点评，引导学生关注当下，关注社会。这样命制题目，自由度大，很好地体现了《考试说明》的要求。

三

2014 年，北京卷又有了新的变化。北京卷《考试说明》在这一年增加了一个新考点"能用精练的语言描述事物，表达观点，抒发情感"，相应地当年试卷就有了微写作题型。

虽然这道题归入了写作考点中，但这道题出现的位置与之前的语言运用题和拓展延伸题一致。从近几年高考试卷的题目设置来看，在某种程度上，它是承担了语言运用考点的考查功能。2014 年北京卷的微写作第一小题是："毕业前，语文老师请同学们把自己学习语文的体会写下来，与下一届同学分享，要求所写的体会具体、切实、易记忆"。2015 年北京卷微写作第二小题是："乱涂乱贴、违禁吸烟、赛场京骂等不文明的现象，与首都形象极不相称。请针对社会上的某一种不文明现象，拟一条劝说短信。"这些题目后面有要求，诸如"态度友善，语言幽默"之类，其实就是原来语言运用考点的"简明、准确、连贯、得体"的要求了。

2016年北京卷微写作题的第一题和第二题，一个是给高一新生的语文学习提建议，一个是对在微信上建家长群谈看法，这些题目设置已经和传统的语言运用题没有什么区别了。

语言运用与微写作结合，在选材取向上，比之前的拓展延伸题多了一些自由，可以关注社会生活的热点，极大地突破了命题选材的束缚限制，但在题目呈现形式上还是丢掉了语言运用题的灵动鲜活的特性。传统的语言运用题考查形式丰富多样，有改写、扩写、仿写、压缩语段、对对联、一句话新闻等。灵活多变的题目呈现形式，现在变成了生硬的微写作题。

微写作题的出现还有一个更重要的问题，就是它的定位问题。《考试说明》里的表述是"能用精练的语言描述事物，表达观点，抒发情感"，这个考查要求和后面的大作文考查要求有什么区别呢？

描述事物、表达观点、抒发情感，这也正是大作文的考查要求，虽然《考试说明》在大作文的考点里没有明确规定这几点，但我们知道，写作就是在做这些事。那唯一的区别就是是否"用精练的语言"了。这里又出现了悖论，似乎微写作考查的是学生简明精练的写作能力，而大作文考查的是学生复杂冗长的写作能力。事实上，原来没有微写作题时，一篇高考作文的字数要求是"不少于800字"，有了微写作题后，大作文的字数要求已经成了"不少于700字"。尽管题目要求里表述的是"不少于"，但在学生那里，考场上能写上一千字的学生是很少的，因为考试时间不容许，考生通常都是写八百字左右的文章。在七八百字的文章里说理抒情，语言文字已经是简明精练了，所以《考试说明》对微写作和大作文的要求是没有区别的，只不过一个明确地说要"用精练的语言"，另一个没有明确地表述出来而已。

四

在考试命题探索的道路上，用微写作代替语言运用考查，我以为是步入了一个左右为难的尴尬境地。就考试改革而言，我们的高考试题呈现形式，一直都有变化，至少目前，北京卷的微写作题已然成了一个特色了。这些年试题的变化轨迹没有离开过语言运用考点的内在属性，只是名称变化了一下，却反而影响了对学生实际语言运用能力的考查。

语文考试有规律，可以不断探索改革，但要符合规律。考试符合规律，才能全面、科学、有效地考查出学生的真实能力。

高考语文选择题的考查情况与命制规范

江苏省教育考试院　　　孙建峰

选择题是高考语文试卷中使用普遍、所占比重稳定而又变化较多的一种题型。本文以高考语文试卷中的选择题为研究对象，较为全面地分析了试卷各板块中选择题的考查内容、考查特点等情况，探讨了选择题的命制规范与容易出现争议的问题，希望能有助于加深对高考语文试卷的认识，并对语文学科的命题工作有所启发。

一、不同知识板块的选择题考查情况

高考语文试卷的结构，经历过初步探索阶段、以题型来划分的阶段、以知识板块即考查内容来划分的阶段。语文试卷因其自身的特点，始终是以知识板块为基本单元的，试题依附于知识板块而存在。单个题与知识板块的关系，就如同语素与词的关系。这里分别考察各知识板块的选择题情况。受考试方案、考查理念、命题思路等因素影响，试卷各部分的考查内容与形式有其发展变化的过程。因此，这里考察的重点是选择题在考查内容与形式方面的基本特点，以及改变和创新的情况。

（一）语言文字运用中的选择题

语言文字运用又称语文基础知识，全国卷及其他分省命题的试卷一般都专门设置这一部分的试题（个别试卷如上海卷除外）。选择题在这部分出现得最多，在题型上占主导地位，虽然其分值在不同试卷中有高低之别。这部分选择题的基本特点是：所考知识点覆盖面大，小巧灵活，数量较多，也较容易创新。总体上看，全国卷及各省市试卷在这一部分的考查是稳中有变，既有基础的、传统的试题，也不断有创新的试题，试题越来越趋于多元化。

从所考知识点来看，这一部分试题有其发展过程。早期常考的知识点，现在有些已不再考或不常考了。如1989年高考语文试卷考了拼音、标点、造字法、词、词组、修辞、语法、逻辑知识、工具书知识、病句等，其中如造字法、语法、工具书知识等近年已不考；其中有些内容，如逻辑知识，虽不直接考查，却可在病句题、排序题等试题中涉及。又如1989年高考语文试卷第15题至第17题考查听说能力，做了有益的尝试，但后来没有更深入的发展。

以下选取近年常见的一些考查知识点稍作分析。

一是字音。（1）按考试大纲的要求，考查范围是"现代汉语普通话常用字"，古汉语中的字音、生僻字和方言字不在考查之列。（2）考查要求是识记字音，不考查汉语拼音方案拼写规则。（3）考查重点集中在多音字、同音字、形声字、形近字和习惯性误读字等类型上，其中多音字与声旁相同读音不同的形声字出现频率较高。（4）选材重点是常见的双音节词语和四字成语。（5）一般每个选项不少于4个词。（6）近年有逐渐减少的趋势。

二是字形。（1）集中于别字的考查，同音字、形近字以及容易误写的熟语是考查重点。（2）近年有逐渐减少的趋势。如将字音与字形轮换考查，不同时考两种，也有在一道题中将字形与其他知识点一起考查的，如 2011 年北京卷在一道题中综合考查字音与字形，福建卷在一道题中综合考查字形、词语、标点符号。（3）出现主观题的考查形式。如 2011 年的福建卷第 16 题，给拼音写汉字，使考试大纲中的"书写现代汉语常用规范汉字"的要求得到落实。

三是词语、成语、熟语。（1）注重考查考生在实际语境中运用词语的能力。（2）考查形式多样。有辨析使用正误，也有要求选择使用最恰当的词语；有单考实词的，也有将实词和虚词一起进行考查的；所考词语，包括双音节词语、四字成语、熟语等，组合形式多样。（3）语料形式多样。既有直接判断所用词语或成语是否得当，其材料有独立的句子或语意完整的一段话（如广东卷），也有给出材料，判断填入材料的一组词语或成语是否恰当，其材料有独立的句子或完整的一段话（如 2012 年江苏卷在一段材料中考三组成语）。（4）近年有考查熟语使用的试题，相对词语、成语考查而言，对熟语的考查较少。

四是标点符号。（1）考查正确使用标点符号的能力，以及对句子结构的分析和对句意的理解能力。（2）标点符号的考查逐渐趋冷，自主命题时期考查标点符号的省份不多，一些省份将这一考点与其他考点轮换考查。

五是病句。（1）基本上都是选择题，考查对句子正误的判断能力。（2）个别试卷用过主观题，如安徽卷、福建卷、重庆卷，考"辨析并修改病句"。有人认为，语言主观表达题是命题者进行创新的试验田，所以不在这里考病句这种常规试题，而是考查其他知识点，这是从组合角度看问题。（3）题干要求以选择"没有语病的一句"为多。（4）一道题往往综合考查多种病句类型，同一类语病在一道题中一般不重复出现。语法性语病是考查重点，其中"搭配不当""成分残缺"出现频率最高，对语意性病句的考查相对少一些。（5）创新情况。与其他知识点结合起来考查。如 2014 年湖南卷的题干是"将下列各句中没有语病的一句填入语段中画横线处"，将病句辨析、句式选用和简明连贯放在一起考查。在主观题中也有综合考查病句和其他知识点的试题，如2014年安徽卷在一个文段中将语病和标点符号结合起来考查，而2014年福建卷更是在一个文段中综合考查病句辨析、句式选用和字形、字音多个知识点。（6）近年来，个别省市不考病句题或考的频次变低。

六是修辞。（1）主要考查对修辞手法的辨识。（2）主观题中，综合考查修辞手法和其他知识点，如提供带有某种修辞手法的情境，用规定的方法拟写句子等。（3）创新性表现为在语料中采用传统文化的素材。如江苏卷近年的修辞题使用古诗、熟语等作为语料，其中2014年要求选出"对仗工整的一项"。其实，1987年全国卷也有一道考"属对"的试题（上句"梨花院落溶溶月"，选出能与它组成对偶句的下句），江苏卷的考法既是一种创新，也是一种回归，体现了弘扬传统文化与传统语文教育的导向。

七是语言表达，包括表达简明、连贯、得体、准确、鲜明、生动等。（1）用主观题考查的情况较为普遍，也有采用选择题来考查的，近年有发展、创新的趋势。（2）具体考查内容，如以谦辞敬语来考得体，以排序或衔接来考连贯，以图文转换来考查表达准确等。（3）创新情况。如2016年江苏卷第4题，为每组文章拟一个标题，选出所拟标题与文章对应最恰当的一项；第5题，对联和特定文艺演出专场对应，在一个生活化的情境中考查对对联意思的准确理解；2017年江苏卷第5题，用古诗词来考查对漫画内容的准确理解，形式较为新颖，与"中国诗词大会"中的"画图猜诗句"有相合之处。

另外，近几年北京卷在考查语言文字运用方面有较大的创新。如2014年以完整的两段话为语料，以题组形式考查字音、对仗、选词填空及文学常识。近三年来，北京卷的现代文阅读部分，出现了对字音、字形、词语解释等的考查，体现了综合考查、立体考查，实现了在实际语境中考查语言文字运用的初衷。因为真正的语言文字运用是在阅读有一定信息量的文章时进行的，考生真正读懂文本需具备多层次、多方面的素养。这种考查灵活度高，命题空间大，有助于避免模式化、题海化的弊病。

可见，稳定中有新意和变化，是这一部分选择题的命题特点。在基本稳定的基础上，可以在命题形式和考查知识点上进行创新，也可以不同年份轮换着考一些知识点，增加灵活性，让考生既有所准备，又出其不意，可能刚出现的新题，考生会感觉不适应，但经过一两年也就逐步熟悉了，从而实现了对学生基础知识和基本能力的全面考查。对语文素养的重视，对传统文化的弘扬，有良好的教学导向作用，有助于提升学生的学习效果。

（二）古诗文阅读中的选择题

古诗文阅读包括文言文阅读、古诗词鉴赏及名句名篇默写。默写题一般使用填空题。

1. 文言文阅读中的选择题

一是实词题。实词含义的掌握是文言文学习的基础，所以文言实词题是必考题。实词题大多数是以选择题的形式出现，个别试卷（如上海卷）要求直接写出实词含义。

二是虚词题。主要形式是与课内用例进行对比，考查考生对常见文言虚词用法的辨析能力，要求学生能把平时所学自觉迁移到阅读中。虚词题近年来有减少的趋势。

三是信息筛选题。主要形式是列出原文 6 句话，选出"全都表现了某种品质"的一项，属于组合式选择题。近些年这种题出现较少。

四是文意概括题。这种题有助于考生理解全文，给考生理解文章和作答提供阶梯。具体有两种，一种是每个选项对原文某个段落的内容进行概括，另一种是针对文中某个具体问题进行分析。另外，江苏卷近几年出现对文言文部分内容进行概括的简答题。

五是文化常识题。全国卷从 2014 年大纲卷开始，在文言文阅读中出现文化常识选择题，近年这种题一直延续下来了；2017 年江苏卷也借鉴此种考查方式。文化常识题体现了对中华优秀传统文化的弘扬，有助于考查考生对文本内容的理解，促使其真正读懂文本，提升文化修养。

关于翻译题。让考生直接翻译文言语句，这种题在早年的高考试卷中曾经出现过。在标准化试题盛行时期，翻译题是用辨别译文正误的选择题来考查的。2002 年全国卷取消了第 I 卷中的选择题，在第 II 卷增设了文言文翻译主观题，分值为 5 分，此后几年翻译的文字量逐步增加，分值固定在 10 分左右。其他各省市高考试卷情况与之相近。相较于选择题，翻译题综合性更强，要求更高，难度更大。

2. 古诗词鉴赏中的选择题

以选择题形式考查古诗词鉴赏，出现在较早时期的全国卷、北京卷、上海卷中。与文言文中的翻译题类似，2002 年起全国卷的古诗词鉴赏由客观选择题变为主观表达题，难度略有增加。因此，近十多年古诗词鉴赏中的选择题较为少见。2017 年，全国卷古诗词鉴赏由以前的两道简答题改为一道多项选择题（五选二）加一道简答题，选择题复归。其原因或与试卷文本增多、阅读量增大，需通过题型来调控难度有关（古诗词鉴赏主观题一向难度较大）；也可能是命题者想通过变换题型来考查学生的灵活性。选项的设置可增加试题思维容量，也可辅助考生理解作品，考查更加细致，形式上的变化也更多。

（三）现代文阅读中的选择题

在较长一段时期内，全国卷和大多数省市自主命题试卷的现代文阅读部分，选择题出现的情况大致可按文本来划分：论述类文本，主要以选择题进行考查，或全用选择题，或兼用选择题与简答题；文学类和实用类文本，简答题居多，有个别选择题。2017 年全国卷有所调整，选择题数量和比重较以往略增。具体考查的有概括文意、理解重点词句等。其中，筛选信息或者准确地说是信息比对这一能力要求，几乎无处不在，渗透在各个类型的题目中。除了单选题外，还有多选题，一般是五选二。

（四）其他部分的选择题

1. 考查文学常识、文化常识的选择题

文学常识、文化常识不是必考内容。文学常识、文化常识不属于语言文字运用，但经常出现在语言文字运用部分。1984 年前，对文学常识的考查较少。1985 年开始，考查了诗歌分类、文学作品的人物、作者等。1986 年高考语文试卷第 4 题考查文学作品和作者，1987 年高考语文试卷第 3 题考查与成语典故对应的历史人物。这些题是单独出现的，在位置上与语言文字运用题很靠近。在按题型划分结构的试卷中，出现了在选择题中单独考查文学常识的试题，如 2005 年重庆卷第 5 题、2006 年浙江卷第 6 题、2007 年北京卷第 5 题。近年来，考查方式有所创新。如 2017 年江苏卷第 3 题，要求考生选择适合悬挂在杜甫草堂的对联。这道题通过设置具体情境，考查考生对四副对联中相关文化意象的理解。此外，上文提到，近年全国卷及个别省市试卷在文言文阅读中考文化常识。

2. 考查文学名著阅读、文化经典阅读的选择题

有单独考查文学名著阅读的试题，如福建卷、江苏卷。其中，选

择题均为一道五选二多选题，不出现原著文本，侧重考查对原著的重要情节、精彩场面、人物形象、主题思想、艺术特色等的掌握和理解，所选名著照顾到古今中外。此外，福建卷还有文化经典阅读题，出现一段阅读文本（《论语》《孟子》等），题型有单选题和简答题，前者有导读功能，后者要求考生概括和评价作者的观点态度。

二、高考语文选择题的命制规范及有关注意点

科学性、规范性是试题质量的重要保证，是试题命制的基本要求。一般而言，单个选择题的分值不太大，但因为涉及题干、选项乃至材料等多个要素，需要考虑考点设置、能力考查目标等各个方面的因素。另外，好试题如同艺术品，有一定的艺术性，好的选择题应该是轻盈灵动的，可以"让人眼前一亮，会心一笑"。因此，选择题的命制需要较高的命题技巧与能力。这里探讨普遍性的命题原则和容易出现争议的具体问题。

（一）选择题命制基本规范

选择题的组成部分，包括题干和选项（或称备选答案，包括干扰项和正确答案）；有些题还有材料，或是单题使用的材料，或是与其他试题共用的材料。

关于题干设置。题干是试题提出问题的部分，是考查知识和能力的触角，规定了考生思考解答的方向。题干的好坏，直接关系到试题质量的高低。设置题干应注意以下几点：（1）要呈现一个清晰的、单一的问题，考生不读选项也能理解它。（2）要有一定的问题导向。有论者认为，语文选择题中有不少题干如"下列表述正确/不正确的是"等，缺乏问题情境色彩，缺乏问题解决意识。这些题目考查的是考生

比较选项信息、比对选项和文本细节信息的能力，而没有考查题干所阐述的问题、任务引发的能力。这种情况值得注意。（3）语言表述要简洁准确。（4）使用否定表述时，要对其进行强调。

关于选项设置。从内容上看：（1）各选项涉及的小知识点分布要尽量均匀。如辨析病句的选择题，同一种语病在同一题中一般不出现两次。（2）有正确答案的一项不能有任何争议，要保证正确。在用最佳答案的形式时，正确答案应该是有实力的权威所公认为明显最好的，此时可在题干中加上"下面各选项中"，以考虑到题中没有包含的、但同样好的答案。（3）干扰项应该是合理且错的，是考生可能有的误解，对未掌握者有迷惑性。从形式上看：（1）各选项在长度和用词复杂度上要大致相同，形式上力求工整。（2）不用暗示语突出其中某个选项，包括正确答案。"一般来说正确的选项叙述比较全面深入，语言也很中肯，读到之时会有一种内心的共鸣。"这是考生对选择题的直观感受和答题经验。命题时要在干扰项和正确答案中都用"好听的"词，避免被考生猜测到。（3）注重形式上的规范与美感。如组合式选词填词题，3个空，每个空分别有两个词可选，在选项排列时注意交错、平衡的原则。（4）组合式选择题中出现数字时注意规范。一是所有选项中①②等出现的次数要一样，如文言文阅读信息筛选题"全都表现……的一组"；二是选项排列要按数字顺序，一般是从小到大。

另外，从试卷整体或考查内容等角度考虑，还有几点命题规范需要注意。

第一，关于考查材料的内容和性质。（1）考查材料要有适切性，所考内容不宜超出语文之外。虽然语文试卷使用的材料会涉及各个方面、各种领域，需要学生调动平时的积累，但应尽量避免用到其他学科的内容和专业知识。特别是一些图表题，避免变成数学题、物理题或政治题，那就不是考语文了。（2）选择题虽小，但所用材料的重要性却不小。好的材料应该是：具有经典性，耐咀嚼回味，有尺幅千里之感；有可靠出处；可以改造，但不宜随意编。

第二，关于不同题目之间的关系。（1）从内容上看，不同试题出现在同一个考查板块时，应避免出现考查内容的交叉重复和互相提示，更不能互相矛盾。阅读类材料，例如文言文阅读，文意概括选择题和针对文章内容的简答题，不能出现考查内容的大面积重复。（2）从形式上看，试卷中应尽量避免不同题目之间出现表述相近或相同的情况。这里举台湾"学测"试卷中的两个例子：2011 年第 7 题 B 项与第 11 题 D 项相隔不远，都出现了"人生无常"；2004 年第 8 题 B 项与第 12 题 C 项重复出现了"食之无味，弃之可惜"。

第三，关于难度、区分度的控制。一般而言，难度适中、区分度高是较为理想的情况。但从整体设计来看，有时会有所调整，如前面个别选择题难度低，不追求高区分度，这是考虑到作答心理，让考生作答更有信心。

（二）语文选择题中容易出现争议的问题

所谓容易出现争议，有些是出现错误，需要避免，有些是本身没有问题，但存在不同理解。有些问题具有时代性，随着对学科及命题研究的深入而可能出现变化。这里主要按知识板块或知识点来划分，归纳了一些容易产生争议的情况。

第一，关于字音、字形的考查。（1）对字音、字形的考察，一般是组合式选择题，所考知识点较多，形式较为复杂。每个选项出现多个独立的词语，题干要求选出正确或错误的一项，难度更大的是选出"有两个错别字的一项""与例字读音全部相同 / 不同的一项"等。这就容易导致出现以下情况：可用排除法作答，增加猜测概率（当然选择题本身无法完全避免猜测，但可控制在合理范围内）；可能因错选对，歪打正着；可能因不知其中一个而整个做错。（2）存在导向问题。因为是正误型选择题，其中有错误的用例，模拟题中也出现大量误字、误读，考生可能本来不会出错的，却被误导而出错。

第二，关于词语使用辨析的语例选用。从概念出发而不是从语言使用实际出发，用一些相当少见的语言特例去充当正确选项，理解这些特例所需的语感水准超出高中生的语感水准，就容易有争议。如1999年全国卷第2题，选出"加点的词语使用恰当的一句"，正确答案B选项中考的是"尽管"，C选项中考的是"得以"。有人认为此题给凭语感选择而不是凭概念选择的学生设置了障碍，结果语感越好的人反而越容易出错，题目不具备一定区分度。

第三，关于上下文衔接中的陈述角度。从语言规范性而言，会要求陈述角度在上下文中保持一致或进行变换，但在实际语言使用中，这种要求很难说是合理的，因为不同表达方式强调的侧重点有不同，语言环境、表达目的发生了变化，表达方式也会有变化，很难说哪一种更好。不能僵化地认为，"院墙中间有一扇门，门边贴着一副大红对联"是对的，"院墙中间有一扇门，一副大红对联贴在门的两边"是错的。

第四，关于排序题中句子之间的关系。所要排序的句子本身要有一定顺序。换言之，假设不看选项答案，所排的句子之间仍要有明确的顺序，可通过逻辑思考直接得到最佳排序，这是对命题的要求。当然，答题时可采用排除法、代入法等，这是另外一回事。

第五，关于非连续性文本的材料选择。非连续性文本是考查语文素养的重要材料之一，近年来在试卷中很常见。所选材料不能因为太难懂而影响考查目标的实现。如对漫画寓意的考查，漫画需要既要有一定内涵，但又不宜太抽象。

第六，关于诗歌鉴赏的主观性问题。诗歌鉴赏是主观性的精神活动，对句意和作者心理的理解，可以有见仁见智的情况。因此，把赏析的结果编成 ABCD 供选择，以此考查诗歌鉴赏，便剥夺了欣赏主体个性化的认知活动，容易产生争议。如 2000 年全国卷第 8 题，要求赏析宋代诗人赵师秀的《约客》，选出"不恰当的一项"，其正确答案 C 项："第四句描写了'闲敲棋子'这一细节，生动地表现出诗人此时闲适恬淡的心情。"有论者认为这一项也有道理，且举出《扬子晚报》上的赏析文章为证。

第七，关于多项选择题。近年的多项选择题，一般出现在现代文阅读和古诗文阅读及部分省市试卷中的名著阅读部分，它具有考查容量大、综合性强等特点。命制多项选择题应注意以下几点：（1）多项选择题的正确答案不止一个，有的明确告诉考生，有的需要考生自己去判别。相应的答题规则也有不同，从以人为本的角度，应告知考生，以免考生因不明规则而迷惑。如 1995 年全国卷第 28 题，"其中哪几项是说明……的"，选项共 6 个，它是不定项选择题，其评分标准为"选对一项得 1 分，选对两项得 3 分，每选错一项扣 2 分，扣完为止"；1997 年全国卷第 28 题，"下列说法中符合……的两项是"，选项共 5 个，它是双项选择题，其评分标准为"答对一个得 1 分，答对两个得 3 分，答案超过两个的不给分"。这两题都是 3 分，并且正确答案都是两项，但考生答题策略是不同的：对于前者，能选准一项就只填一项，不能贪多（选错会扣分）；对于后者，即使一项也选不准，也要把自认为最接近答案的两项填上，并注意不能超过两项（选错不扣分）。后面这种模式近年还经常出现，考生如不清楚其答题规则，可能会感到疑惑，因不敢选而吃亏，出现不公平的情况。如有必要，可将五选二选择题的评分标准放到试卷上。（2）全国卷前些年现代文选考部分的多项选择题，要求选出"最恰当的两项"，属于双项选择题和最佳选择题，并且设计了分值不等的选项，体现了"答案不唯一"的"多元解读"。但分值不等的选项之间是否存在明显的差异？它们与错误选项之间的区分，是正误之分，还是部分正确部分错误的程度之分？对这些问题，可能存在争议。

也许是学科性质本身的原因，语文试卷中容易出现一些有争议的情况。如何对待这些有争议的试题呢？有一种观点认为要有"相对比较意识"：既然语言现象十分复杂，有时很难用绝对的标准去界定正误是非，只能用相对的眼光来区分优劣高下，那么题干上所谓的"恰当""不恰当""正确""错误"，都不妨理解成相对而言的，考生应暂时放弃对题目的怀疑，当觉得不止一项可作为答案或没有哪一项可作为答案时，就要看哪一项最接近题干要求，即使是确有争议的题目，一般还是能够选出和"标准答案"一致的答案来的。这是一种"三条腿鸵鸟说"，在三条腿鸵鸟和四条腿鸵鸟中挑正确的，不选不行，只好选腿少一条的。但这只能作为权宜之计。考生为了得分产生这种心理，实际上会消泯追求真理的精神，被考倒的反而是真正有严谨科学精神的人。在命题理念上，应体现公平、公正的原则，选择题不是"选三条腿的鸵鸟"，应避免出现争议。

三、几点思考

如果我们将视野放得更宽、更远一些，可以作以下几点思考。

第一，教学不能围绕高考题转。适度地对高考题进行试题研究、解题训练，是高中教学避免不了的，但平时教学及测试不应围着选择题转。选择题是高考题的一部分，但如果只做选择题，搞"选择题教学"，是不利于提高学生的语文素养的。比如，字词教学不是选择题就能完成的，必须有阅读、书写等过程。通过其他方式的教学，真正提高阅读和表达能力、提高语文素养之后，再做选择题是容易的。高考某种程度上是"指挥棒"，但教学和考试之间仍应保持一定距离。当然，这里有普遍存在的矛盾，需要教育工作者加以把握。

第二，正确对待答题技巧和方法。一种题型出来后，必然会有针对它的各种解析和作答方法研究，以及复习备考时的技巧练习。有一些技巧和方法是正常的，如认真审清题干、明确答题方向、抓住关键信息等；有一些技巧和方法是投机取巧，通过观察选项的情况，如根据求同或求异思维、根据不同选项之间的矛盾性等来进行判断，即使不看题目，也能答对。一方面，教学复习过程中应避免这种投机取巧的方法；另一方面，命题时应当注意题干及选项设置的规范性，同时要避免不同试题之间可能存在的互相提示。

第三，高考语文命题要回到核心立场。这两年教育部提出高考命题要坚持的核心立场是"立德树人、服务选拔、导向教学"。其中，"立德树人"是教育的根本任务，体现在弘扬社会主义核心价值观、弘扬中华优秀传统文化等方面，应发挥高考命题的育人功能和价值引领作用。"服务选拔、导向教学"涉及高考的两个重要功能，即高校选拔功能和教学导向功能，具体而言，就是要注重增强基础性、综合性、应用性、创新性，着重考查学生独立思考和分析问题、解决问题的能力。要真正培养学生的能力、素养，减轻学生额外的课业负担，不能让学生陷于应试题海。因此，语文学科的命题，包括选择题的命制，最终也需要回到"立德树人、服务选拔、导向教学"上来。

2002—2017 年北京市高考诗歌鉴赏题浅析

首都师范大学　　汪龙麟

古典诗歌是中华民族优秀传统文化的重要组成部分。孔子曰："诗可以兴，可以观，可以群，可以怨。"多年来，高考语文也把古诗鉴赏作为重要的考察内容。本文对 2002—2017 年北京市高考语文诗歌鉴赏题进行考察，以期为高考诗歌鉴赏题命题提供参考。

一、2002—2017 年北京市高考诗歌鉴赏题的特点

表 1　2002—2017 年北京市高考诗歌鉴赏题

卷别	作者	时代	标题	题材	体裁	题号与赋分	考点
2002 春	王禹偁	宋	村行	思乡怀人	七律	8. 3 分，四选一	对"含"字的理解
						9. 3 分，四选一	文学表达
	冯至	当代	我们天天走着一条小路	哲理诗	当代新诗	10.3 分，四选一	哲理蕴含

卷别	作者	时代	标题	题材	体裁	题号与赋分	考点
2002	畅当	唐	登鹳雀楼	写景抒怀	五绝	16.① 3 分，五选二	文学表达
						16.② 3 分，主观题	比较分析
2003 春	韦应物	唐	闻雁	思乡怀人	五绝	20.① 3 分，填二空	文学常识和比较
	赵嘏	唐	寒塘	思乡怀人		20.② 主观题 3 分	意象含义
2003	赵嘏	唐	江楼旧感	思乡怀人	七绝	17.① 3 分，五选二	文学蕴含
						17.② 3 分，主观题	比较分析（内容与写法）
2004 春	陆龟蒙	唐	新沙	写景抒怀	七绝	17.① 2 分，四选一	对"税"字的理解
						17.② 2 分，四选一	思想内涵
						17.③ 主观题 2 分	文学手法
2004	苏轼	宋	红梅	咏物感兴	七律	12.① 2 分，四选一	文学表达
						12.② 2 分，四选一	文学表达
						13. 主观题 5 分	比较分析

卷别	作者	时代	标题	题材	体裁	题号与赋分	考点
2005 春	范仲淹	宋	苏幕遮	思乡怀人	词	12.①2分，四选一	语义辨析
						12.②主观题2分	思想感情
						12.③主观题3分	写景特点
2005	陆游	宋	夜游宫（记梦寄师伯浑）	记梦	词	12.①2分，四选一	对"断"字的理解
						12.②2分，四选一	文学表达
						12.③主观题3分	比较分析
2006	陶渊明	晋	移居（其二）	山水田园	五古	12.①3分，五选二	语义辨析
						12.②主观题4分	思想情趣与表现手法
2007	无名氏	先秦	诗经·周南·芣苢	歌咏劳动	古诗	12.①填空1分	文学常识
						12.②主观题2分	表达手法
						12.③主观题4分	思想内涵
2008	顾炎武	清	酬王处士九日见怀之作	赠答酬唱	五律	12.①2分，四选一	对"惊"字的理解
						12.②主观题，4分	肝胆、阅字的含义
						12.③主观题，4分	风格特征

续表

卷别	作者	时代	标题	题材	体裁	题号与赋分	考点
2009	张孝祥	宋	西江月·黄陵庙	写景抒怀	词	12.①四选一,2分	对"准拟"二字的理解
						12.②主观题,3分	文学常识
						12.③主观题,5分	思想感情
2010	李白	唐	古风（其三十九）	写景抒怀	古风	13.①四选一,3分	文学表达
						13.②主观题,4分	思想感情
2011	张耒	宋	示秬秸	即景寓理	七律	12.①四选一,3分	对"歌一声"的理解
						12.②主观题,4分	表达手法
						13.主观题,10分	思想内涵
2012	金銮	明	柳堤	写景抒怀	七律	10.①四选一,3分	文学表达
						10.②主观题,4分	修辞手法
						11.主观题,10分	思想哲理
2013	李白	唐	古风（其十）	咏史怀古	古风	12.①四选一,3分	语义理解
						12.②主观题,4分	思想内涵

续表

卷别	作者	时代	标题	题材	体裁	题号与赋分	考点
2014	杜甫	唐	奉陪郑驸马韦曲	写景抒怀	五律	14.① 四选一，3分	语义理解
						14.② 五选二，4分	意象含义
						14.③ 主观题，4分	思想感情
2015	苏轼	宋	醉翁操	咏乐	词	16.四选一，3分	语义理解
						17.① 四选一，3分	表达手法
						17.② 默写，2分	记诵
2016	陆游	宋	西村	写景抒怀	七律	15.四选一，3分	语义理解
						16.四选一，3分	表达手法
						17.主观题，6分	比较分析
						18.默写，6分	记诵
2017	王维	唐	晓行巴峡	思乡怀人	五古	15.四选一，3分	语义理解
						16.四选一，3分	表达手法
						17.主观题，6分	比较分析
						18.默写，6分	记诵

　　依据上表，2002—2017 年的高考语文北京卷共 20 套，其中 2002—2005 年春秋两季招生，每年两套。高考诗歌鉴赏题从古诗的体裁、题材和作家三个方面考察，有如下特点：

　　1. 从体裁上看，全部选材 22 首诗（其中，2002 年春季招生和

2003 年秋季招生，每年两首。比较题附诗不计），可分为律诗（7）、绝句（5）、古诗（5）、词（4）和新诗（1）五大类。新诗是 2002 年春季招生考题，此后未再出现过，可忽略不计。故北京卷在体裁选择上仅有四类，且在数量上大致持平，律诗稍多而已。

北京卷这种体裁选择，显然是为了适应高考命题需要。因为高考的时间是有限的，考生必须在有限的时间内，迅速获取考题的各种信息。太长的如骚体诗赋，信息量过大，太短的如五绝、七绝，信息量过少，都不适合作为命题材料。

北京卷为何有五首绝句？原因在于命题者对五首绝句都做了信息拓展。2002 年北京卷考的是畅当的《登鹳雀楼》，试题②要求将该诗与王之涣同题诗作比较；2003 年春北京卷着重考察的是韦应物《闻雁》和赵嘏《寒塘》两首五绝的比较；2003 年北京卷考的是赵嘏七绝《江楼旧感》，试题②附有崔护七绝《题都城南庄》，要求分析两诗在体裁、内容和写法上的异同；2004 年春北京卷考的是陆龟蒙七绝《新沙》，试题②附有罗隐、聂夷中、杜荀鹤、皮日休四人诗句，要求从中选择与本诗主题接近的一句。显然，四套北京卷的五首绝句，都在命题时做了拓展，增加了信息含量。

古风类诗歌也是北京卷历年考试青睐的体裁，其中陶渊明、王维诗各一首，李白诗二首，均为五古，只有 2007 年北京卷用的是《诗经》。这显然也是因为古风类诗歌都较律诗稍长，蕴含的信息多，可择取的考点自然也更丰富。

至于择取律诗和词作，除了语料本身蕴含信息量合适外，更重要的是，这两种诗歌体裁作为成熟的诗歌类型，其鉴赏标准和方法已为世公认。

2. 从题材看，除去新诗的 21 首诗，大致可分为写景抒怀（7）、思乡怀人（6）、咏物感兴（1）、即景寓理（1）、山水田园（1）、咏史怀古（1）、赠答酬唱（1）、歌咏劳动（1）、记梦（1）、咏乐（1）等题材类别。

题材主要是写景抒怀和思乡怀人，这首先是由中国古代诗歌创作的现实决定的。中国古代文人常年汲汲于仕途，不仅见山阅水洒诗情，且每逢佳节倍思亲，故这两类诗在中国古代诗词中最多。其次，这两类诗歌题材都巧妙细致地处理了景和情的关系，从命题角度来说，也易于寻找到考点。最后，现行中学教材中，写景述怀和思乡怀人题材的课文所占比重也较高。据统计，该类题材课文在人教版教材中占了近 40%，在苏教版教材中占了 36%。学生在平时学习中，对这两类题材作品比较熟悉，有利于考试中的知识迁移。

3. 从高考诗歌鉴赏题涉及的作家来看，有晋代陶渊明，唐代李白、杜甫、王维、韦应物、畅当、赵嘏、陆龟蒙，宋代王禹偁、范仲淹、苏轼、张耒、陆游、张孝祥，明代金銮，明清之际的顾炎武。这些作家在高中语文课本中出现过的只有陶渊明、李白、杜甫、王维、苏轼、陆游。可见，命题人在选材时有意陌生化，多选取考生不熟悉的诗人或诗作，熟悉的诗人也选取考生不熟悉的作品。耳熟能详的名作不选，生涩奥僻的作品不选，既避免了考生押题的可能，也测试了考生面对陌生作品的分析鉴赏能力。

二、2002—2017 年北京市高考诗歌鉴赏题的考查点

高考诗歌鉴赏题的考查点主要有两个：一是鉴赏文学作品的形象、语言和表达技巧，二是评价作品的思想内容和作者的观点态度。

纵观历年北京卷诗歌鉴赏题，考点分布的特点有四：

1. 特定语境中的语义辨析。辨析诗词中特定字词的含义，是诗歌鉴赏题经常出现的考点。北京卷对这一考点的设计，一是多采用四选

一的客观选择题，二是要求考生必须结合上下文的语境理解词义，做出选择。2002年春北京卷考察的是对诗中第二联"万壑有声含晚籁，数峰无语立斜阳"中"含"字的理解，四选一B项"第二联上下句构成对比，生动地表现出山中有时喧响有时静穆的景象"。仔细品读第二联，"含"字说明声从壑出，与"喧响"是矛盾的，自然也就能判别出B项是错项。2005年春北京卷12题①四选一B项"'黯乡魂，追旅思'是说作者面对秋景更加思念故乡，回首望去，一片幽暗，不禁追忆起旅途行程"，其实，"黯乡魂"语出江淹《别赋》"黯然销魂者，惟别而已"，指的是忧郁的情思。细致品味后，是不会得出"回首望去，一片幽暗"的解读的。2005年北京卷12题①四选一D项"'漏声断'中的'断'，是断断续续的意思"，实际上"断"的意思是停止。此外如2006年北京卷考察"披衣"，2008年北京卷考察"惊""肝胆""阅"，2011年北京卷考察"歌一声"，2013年北京卷考察"仰末照"，2017年北京卷考察"万井"，等等，均须结合诗句上下文的语境，细细品味方能正确作答。

2.比较阅读的信息拓展。这主要有三种方式。第一种方式是将两首诗直接进行比较，如2003年春北京卷诗歌鉴赏题要求将韦应物的《闻雁》和赵嘏《寒塘》两首诗比较阅读后回答问题。第二种方式是对要比较的诗歌，或给出原诗文句，或只给出篇名（多是中学生学习过的），要求学生比较作答。如2002年北京卷16题第②小题比较畅当和王之涣的同题诗作；2003年北京卷17题第②小题题干中附上崔护的《题都城南庄》，要求学生比较这首诗与赵嘏的《江楼旧感》在体裁、内容和写法上的异同；2005年北京卷12题第③小题要求学生比较陆游词"自许封侯在万里。有谁知，鬓虽残，心未死"和《书愤》诗中"塞上长城空自许，镜中衰鬓已先斑"在表达思想感情上的异同；2012年北京卷要求学生比较明代金銮的《柳堤》和王之涣的《登鹳雀楼》、白居易《赋得古原草送别》和苏轼《题西林壁》在景和理关系的处理上的特点；2016 年北京卷 17 题要求学生比较陆游《西村》和《游山西村》两诗在内容上的异同；2017 年北京卷要求学生比较王维《晓行巴峡》和郦道元、杜甫吟咏三峡的诗句在运用意象和抒发情感上的不同，等等。第三种方式是对诗作写作手法的比较。如 2012 年北京卷第 10 题第②小题对"雨香"一词的考察，涉及通感手法的使用；2014 年北京卷 14 题第②小题对"韦曲"意象的比较阅读，着重在不同语境中文学意象的变化；2015 年北京卷 17 题第①小题题干说明了词作中运用了以声写声的手法，让学生通过对举例的诗句的阅读，寻找没有运用这种手法的一项，第②小题又让学生默写出《琵琶行》中运用相同手法的诗句；2016 年北京卷 16 题诗作以"声""色"调动人的听觉和视觉感受，要求学生从不同诗句中寻找"声色兼备"之作；2017 年北京卷 16 题诗作借鸟雀之声传递思乡之情，要求学生在不同诗句中寻找采用相同手法的选项，等等。

3. 知识迁移的灵活运用。历年北京卷诗歌鉴赏题的考点设计，都注意中学生的诗歌知识积累，这主要体现在上文所说的，由应考诗歌联想到中学所学的诸如《书愤》《登鹳雀楼》《赋得古原草送别》《题西林壁》《游山西村》《琵琶行》等。其他诸如 2008 年北京卷 12 题第③小题"一般认为顾炎武的诗风接近杜甫"的提示，学生会自然想起中学所学过的杜甫诗作具有沉郁顿挫风格的知识积累；2009 年北京卷第②小题"这首词的风格与宋代哪两位词人比较接近？这种风格的词人属于哪一流派"，也很容易让学生联想到苏轼和辛弃疾以及豪放词派。2010 年北京卷 13 题第①小题 B 项"诗中'荣华东流水'与李白《梦游天姥吟留别》中的'古来万事东流水'表达的意思有相似性"，2014 年北京卷 14 题第①小题 A 项"诗的首句和辛弃疾的'最喜小儿无赖'，两处'无赖'都传达了作者的喜爱之情"，2015 年北京卷 16 题

A 项"'响空山'与王维《山居秋暝》'空山新雨后'的'空山',都写出了山的空寂",B 项"'荷蒉'两句以《论语》中荷蒉者对孔子击磬的评价,赞赏醉翁懂得鸣泉之妙",2016 年北京卷 15 题 B 项"'初转马'与'小乔初嫁了'中的'初'都是'才''刚刚'的意思",等等,在题干中直接提示曾经学习过的诗句,让考生联系已有的知识积累判别正误,且这些选项都不是错项,有助于考生对所考诗作的理解。

4.回归文本的深入考察。考题所给出的诗歌作品对考生是陌生的,考试的目标是考生依据已有的知识积累,阅读后能够准确理解判别陌生诗歌的内在意蕴和文学表达。也正因为如此,历年北京卷诗歌鉴赏题在考点选择上,最为注重的是考生对考题所选诗歌本身的理解。在具体操作上,一是借助前人的诗歌评论或注释,提示考生理解考题中诗句的含义。如 2004 年北京卷 13 题,引用前人诗论中对林逋、皮日休和石曼卿三人咏物诗句的评论,让考生在比较阅读中,体会苏轼"诗老不知梅格在,更看绿叶与青枝"诗句批评石曼卿的理由;2007 年北京卷 12 题第③小题"前人读这首诗说:反复讽咏,'自然生其气象'",引发考生对这首诗所表现的景象的思考;2013 年北京卷 12 题第②小题"前人评此诗:'此借鲁连起兴以自比'",引导考生依据注释体会李白借鲁仲连表达了自己的人生理想;2014 年北京卷 14 题第③小题"前人引《南史》注诗中'小乌巾':'刘岩隐逸不仕,常著缁衣小乌巾'",让考生借助注释理解诗的后两句所表达的诗人的思想感情。二是让考生回归考题所选诗作文本,细致品味其表达技巧和思想内涵。如 2003 年春北京卷 20 题第②小题,让学生品味两首诗中的"雁";2004 年春北京卷 17 题第③小题"简要分析《新沙》诗后两句在表达上的作用";2005 年北京卷 12 题第②③小题分析"芳草无情,更在斜阳外"所表达的思想感情和这首词景物描写的特点;2006 年北京卷 12 题第②小题要求考生理解诗中所表现的田园乐趣;2009 年 12

题北京卷第③小题要求考生分析作者是以怎样的胸怀对待风波险阻的；2010 年北京卷 13 题第②小题要求考生结合作品分析"剑歌行路难"表达的思想感情；2011 年北京卷 12 题第②小题和 13 题要求考生分析诗作的写景叙事特点和诗作所蕴含的教育内容、教育方式，等等。

三、几点建议

毋庸置疑，历年北京卷的诗歌鉴赏题，准确诠释和领会了语文课程标准和考试大纲，题型丰富，选材恰当，赋分合适。但结合当下和未来的命题趋势，笔者以为，命题专家们还应思考以下几个问题：

1. 突破选材限制。诗歌考题的选材，除了要求所选材料长短适中，题材、体裁合适外，更重要的，还要考虑所选诗歌对考生是陌生的。命题组每年进行选材查重，发现大多已被国内中学平时考试时选用过，甚至可以说，唐宋诗词中能用来做考题的诗歌，几乎已被选用殆尽。为了避免选材查重的烦恼，笔者以为：第一，查重的限制条件可适当放宽。比如说，近三年内任一考题中出现过的诗歌要避免，三年以上的可不计。第二，多选些明清和近代的诗歌。尽管唐宋诗歌最好，但明清近代也有佳作。第三，体裁范围上可适当拓宽，如散曲、民歌，尽管太俗而少有考点，但也有不少作品是适合作为考题的。

2. 关注诗歌文本。北京卷在这方面的确做了很多努力，但也必须看到，对诗歌的一些基本特质却未曾关注。如诗歌的平仄、押韵、对仗，诗歌题材选择的特点，等等，一直不曾作为考点。

3. 关照经典阅读。考题中关照考生已有的诗歌知识积累固然很重要，但还应考虑考生的经典阅读。如《三国演义》《水浒传》《西游记》《红楼梦》，是中学生课外阅读的经典作品，这些作品中有很多插入诗，希望在未来命题材料选择时，能够引起命题专家的重视。

北京市中学生语文能力测试评价研究

——以古诗文积累能力为例

首都师范大学　　　张燕华

中高考古诗文默写的考查方式主要有直接默写、理解性默写和迁移性默写。[①]迁移性默写类似于开放性试题，以特定主题为限，不限作家或作品，要求学生根据题目提供的具体语境恰当地运用平时积累的古诗文诗句，重在考查学生古诗文的积累与运用能力（主要是记忆能力和理解能力）。我们选取北京市两个区共20所学校2650名中学生为样本，测试题目为：

【题一】古代诗文中有描写梅、兰、竹、菊外形的诗句，如："①，②"；也有借梅、兰、竹、菊表达诗人高洁品质的诗句，如："③，④"。

【题二】"乡愁"是古代诗歌中一个永恒的主题，雨雪、花草、时令往往能勾起人们心中的离愁别绪。如表现客居他乡的游子思乡的诗

---

① 郑国民、李倩、孙薇薇《2014全国中高考语文试题研究报告·中考》，九州出版社2015年。

句："①，②"。如表现戍守边关的将士思乡的诗句："③，④"。

我们运用 Rasch 新型测试模型，根据学生作答情况，对古诗文迁移性默写进行分析与讨论，分析中学生的古诗文积累能力的表现特征，力求对中学古诗文教学提供一些思索的方向。

一、基于 Rasch 模型的中学生古诗文积累能力

Rasch 模型能够估计测试项目之间、学生之间以及测试项目与学生之间的关系，可以在同一个图形中使用等距的单位来描述个体和项目的潜在特质。[①] 此次 Rasch 测试结果表明：第一，中学生对古诗文的理解能力均好于记忆能力。学生记忆和理解能力的平均试题难度值分别为 0.77 和 –0.73，难度值越高，表明学生的能力表现较差。第二，就记忆能力而言，能力表现最好的为八年级，然后是九年级和七年级。七年级、八年级、九年级学生记忆能力的试题难度值分别为 0.88、0.62 和 0.81，表明在默写古诗文时七年级的学生更容易写错，其次为九年级。第三，就理解能力而言，各年级的学生能力表现呈现逐年递增的趋势。七年级、八年级、九年级学生古诗文理解能力的试题难度值分别为 –0.63、–0.71 和 –0.86，说明随着年龄的增长，中学生对古诗文的理解能力越来越好。

---

① Douglas H. Clements, Julie H. Sarama, Xiufeng H. Liu. *Development of a Measure of Early Mathematics Achievement Using the Rasch Model: the Research-Based Early Maths Assessment*. Educational Psychology, 2008 (28): 457–482.

二、中学生古诗文积累的广度

中学生古诗文积累的广度呈现以下特点：第一，中学生在古诗文背诵方面的积累达到了一定的数量。中学生在回答【题一】和【题二】时涉及的古诗文分别为 67 首和 35 首，其中各有 4 首和 16 首出自《义务教育语文课程标准（2011 年版）》一至九年级推荐背诵篇目，其余篇目可视为学生平时积累所学。【题一】中学生作答的 4 首篇名分别为《风》《墨梅》《竹石》（此三首为一至六年级推荐篇目）以及《饮酒》（七至九年级推荐篇目）。【题二】中学生作答的 16 首篇名分别为《回乡偶书》《九月九日忆山东兄弟》《静夜思》《游子吟》《泊船瓜洲》《示儿》《秋夜将晓出篱门迎凉有感》《凉州词》（此八首为一至六年级推荐篇目），以及《次北固山下》《天净沙·秋思》《黄鹤楼》《春望》《十五从军征》《使至塞上》《渔家傲·秋思》《登岳阳楼》（此八首为七至九年级推荐篇目）。第二，中学生在古诗文积累的熟悉度上具有趋同特性，可从作答的古诗文排名窥见一斑。中学生作答【题一】和【题二】排名前三位的篇目分别为《梅花》《竹石》《墨梅》和《九月九日忆山东兄弟》《渔家傲·秋思》《静夜思》。学生作答前三首古诗文的数量分别为 1603 份、406 份、207 份，各占样本总数的 60.5%、15.3%、7.8%；学生作答后三首古诗文的数量分别为 1104 份、761 份、642 份，各占样本总数的 41.7%、28.7%、24.2%。第三，随着年级的增长，中学生古诗文的整体积累广度有所增加，表现为作答的重复率在逐渐下降。中学生在作答【题一】"外形"和"品质"时，重复率分别为 80∶1、18∶1、12∶1 和 44∶1、26∶1、17∶1，都呈现下降的趋势。中学生在作答【题二】时表现出相同的趋势。这说明，随着年级的增加，中学生的古诗文积累范围越来越广，这符合学生学习古诗文的认知规律。

三、中学生古诗文积累的准确度

梳理学生的具体答卷，可以看出，有些学生不能正确写出诗句，从而影响了古诗文积累的准确度。中学生所写古诗文中的错别字类型包括以下几种：

第一，同音别字。在所有古诗文考查中，因为同音而写错别字是学生最容易出现的问题。以王安石《梅花》为例，共 1603 名中学生写了此诗，其中 736 位学生不能准确默写，错误率为 45.9%。出错较多的字是"数""凌""为"，相对应的同音别字分别是"树""临""唯"，错误率分别为 24.1%、23.5% 和 21.2%。学生还容易将"数"错写为"竖"，将"凌"错写为"邻""零""凛"，将"为"错写为"未""味"，将"墙"错写为"樯"，将"角"错写为"脚"，将"枝"错写为"支""只"。以郑板桥《竹石》为例，共 406 名中学生写了此诗，写错的共 78 人，错误率为 19.2%。出错较多的字有"原""劲""尔"等，相对应的同音别字分别为"源"或"缘"、"尽"和"而"，错误率分别为 28.2%、17.9%、24.4%。王冕的《墨梅》中，中学生最容易将"砚"错写为"研"，将"墨"错写为"漠"。王维的《九月九日忆山东兄弟》，共 1104 名中学生作答此诗，写错的共 223 人，错误率为 20.2%。出错较多的字包括"逢""佳""遍"，相对应的同音别字分别是"缝""家""便"。范仲淹的《渔家傲·秋思》，中学生最容易将"雁"错写为"燕"，将"计"错写为"际"。李白的《静夜思》，学生最容易将"低"错写为"底"。第二，中学生容易将字形相似的字写成别字。例如，学生将"遍插"写为"遍掐"，将"茱萸"写为"朱萸"，将"淡墨痕"写为"淡黑痕"，将"任尔"写为"凭尔"等。第三，中学生由于不注意书写细节而出现错字。比如"异乡"的"异"字上面不封口等。第四，中学生将部分诗句替换为意思相近或相关的字。比如学生将"数枝梅"写成了"一枝梅"，将"千磨万击"改为"千锤万磨"或"千磨万凿"，将"坚劲"写为"坚硬""坚定""坚韧"，将"异乡"写为"他乡"，将"不要人夸"写成了"不用人夸"，将"只留"写成了"但留"，将"举头"变为"抬头"，将"独在异乡"变为"同在""人在""身在"等。

这些从学生实际答案中归纳出来的错别字可为中学古诗文课堂教学提供一定的参考，教师在教学中若能留意到这些错别字现象，将会更好地夯实中学古诗文教学。

四、中学古诗文教学建议：基于能力的培养

根据中学生古诗文积累测试评价结果，拟提出中学古诗文的教学建议如下：第一，鉴于中学生在古诗文积累的广度方面有较好表现，需继续鼓励中学生加强古诗文方面的学习与积累。第二，需在加强中学生古诗文理解能力的基础上，着重培养中学生背诵、记忆古诗文的能力。第三，随着年龄的增加，中学生对古诗文的理解能力会逐渐加深，这一点在中学阶段的古诗文教学中可加以考虑。第四，教师需特别关注中学生背诵、记忆古诗文准确度的问题，关注学生作答时出现错误率较高的字词。学生在回答中出现的高频错别字需要在中学古诗文教学中加以注意，特别是同音别字的问题应该得到重视与解决。

高中古诗词的教学现状调查及策略研究

江西省抚州市临川二中　　范洪泉

诗歌体现了中华民族最精细的感受与智慧。古诗词以其精练的语言、优美的韵律、丰富的内涵成为我国文学史上的艺术瑰宝。诗歌的历史源远流长，是所有文学作品中思想感情最充沛、艺术想象最丰富、艺术语言最凝练的文学样式。千百年来，诗歌教学一直受到国人的高度重视，《尚书》中说"诗言志，歌永言，声依永，律和声，八音克谐，无相夺伦，神人以和"，强调了诗歌教学的重要性。

古诗词教学作为语文教学的重要方面，对于提高学生的语文素养、陶冶学生的性情、培养学生的审美能力、涵养学生的品格等方面具有重要的作用。但是在高中教学中，古诗词教学却成了一个难点。本文以心理学、教育学和语文教育学的理论为依据，结合笔者的教学实践，通过对教师的访谈和对古诗词课堂的观察，揭示高中古诗词教学的现状，并试图找出造成问题的原因，提出一些可行的对策，以期对当前的古诗词教学有所启发。

通过调查分析，我们发现，从当前的教学现状来看，无论是教师的教学，还是学生的学习，课程标准对诗歌教学的规定显然还没有实现。教材为古诗词学习提供的理想的学习蓝本并没有被教师和学生充分利用，古诗词教学现状不是很乐观，这其实也是考生们在高考古诗词鉴赏题上失分的一个根本性的原因。下面本文就从教师教学和学生学习两个方面对古诗词教学现状进行分析。

一、教学现状

诗歌意蕴的含蓄和语言的跳跃，是学生自学诗歌的最大障碍，所以在古诗词学习中，教师应发挥主导作用，引导学生走进诗词，感受诗词的美。教师只有进行充分恰当的引导，才能激发起学生对古诗词的兴趣，才能化被动为主动，使学生真正掌握古诗词的学习方法和解题技巧。但在实际操作中，教师在古诗词的教学中却误区重重，主要表现在：

1. 教学方式较呆板

不少教师把古诗词教学变成了文言文教学，逐字逐句地串讲，注重解释诗词的字面意思，认为只要解释清楚意思，学生就能学会诗歌。这是教师教学的一大硬伤。古诗词和文言文是根本不同的，把教文言文的方法用在古诗词教学中，生搬硬套，毫无新意，自然激不起学生学习的兴趣和热情。古诗词教学应注意培养学生的鉴赏能力、审美趣味，而这种培养过程其实正是诗词教学的特点所在、趣味所在。这样的教学才不至于让古诗词失去原本具有的灵性和美感。

2. 教学内容本末倒置

高考大纲规定："鉴赏文学作品形象、语言和表达技巧，评价诗歌的思想内容和作者的观点态度。"高考大纲的规定无疑是古诗词教学的大方向，但是这个大方向绝不能成为古诗词教学的羁绊。高考大纲所规定的内容正是在培养学生审美能力和鉴赏能力的基础上总结出的考试要点，对审美能力和鉴赏能力的培养应该成为古诗词教学的主要内容。教师在教学过程中往往会忽略对古诗词教学的整体把握，忽略对古诗词意境的分析和体味，忽略古诗词的情感美，而对考点过分重视，对情感性教学完全忽略，在古诗词教学中出现过分的功利主义和本末倒置的现象。

3. 教学观念陈腐

古诗词含蓄蕴藉的特点，使得对古诗词的解读应该是开放灵活的，就是说，对古诗词的理解和分析不能死死地遵循所谓的标准答案，对学生创新性的、多样化的思维的培养才更为重要。不少教师在遇到诗歌鉴赏试题时总是以参考答案为唯一标准，按点给分，根本无视新的见解和想法，更不去思考这种见解正确与否、有没有价值。这种以标准答案为宗旨的教学观念极其陈腐，而且问题重重，已经不能适应当代语文课堂教学的要求，更不符合高考的要求。从 2002 年后各省市诗歌鉴赏试题化客观为主观的现象来看，对标准答案的重视已经不是考试的重点，对学生感悟能力、创造性思维的培养才是考试的目的。紧扣标准答案的教学观念已经落伍了。

二、学习现状

教师教学方式的陈腐、教学内容的单一以及教学观念的落后，造成学生对古诗词不理解甚至厌恶，这样的后果便是使本来居于主体地位的学生处于被动，学生不能感受到诗歌的美感和魅力，本来能陶冶情操的诗歌变成了最大的考试负担。许多高中生不爱学习古诗词，表现为以下现象：

1. 多数高中生谈诗色变，恐惧代替了兴趣

一些高中生最头疼的便是古诗词，因为他们认为古诗词语言含蓄跳跃，常用典故，即使结合注释也很难透彻地理解诗歌的主要思想。再加上教师引导不当，许多学生对这种距当下生活很远的文学样式都抱着不解和恐惧的态度，特别是一些长诗，读起来磕磕巴巴，读完了更是一头雾水，这种学习费时费力，又没有什么效果。这种"诗词恐惧症"代替了学习的乐趣，让学生们根本体会不到古诗词的美感。这种现象其实是现代高中生对古代文学史乃至中国古代历史知识了解甚少所造成的，对诗歌理解的障碍其实反映了学生古典文学底蕴的缺乏。学生阅读空间狭窄，阅读品位下降，则是造成这种现象的主要原因。这一现象也给教师敲响了警钟，对学生审美能力、文化底蕴的重视和培养是改进古诗词教学的根本措施。当代高中生对古诗词阅读鉴赏不感兴趣甚至恐惧，从侧面体现了我们课堂教学中存在的问题，应该引起注意。

2. 对古诗词的审美感知能力差，不能体会古诗词的魅力

中国古诗词作品以其奇幻的想象、丰富的感情和纯熟的写作技巧创造了另一种生活的形式，这是一种全新的充满诗意又源于现实的生活情态、生活色调，它比现实生活具有更为浓缩和深刻的内涵。培养学生的古诗词鉴赏能力，其实是要培养学生对美的敏感度和鉴赏力。高中生审美能力的欠缺主要表现在：

（1）审美感知力的欠缺。审美感知力在诗歌鉴赏中发挥着重要的作用，学生的审美活动是由直接感知审美对象开始的，随着审美活动的进行，学生要不断地丰富和深化自己的感知能力。但是现在多数学生在拿到一首诗或一首词的时候无从下手，不是泛泛而读就是死记硬背。审美活动因为缺乏对诗歌语言所体现出的音乐节奏美及画面美的

感知而就此终止。

（2）审美想象力的束缚。古诗词贵在含蓄，以有限的语言表现无穷的意思是其最大的特点，这就需要学生充分调动自己的想象能力，去体味作者的象外之象、言外之意。但我们现在呆板单一的教学方式在很大程度上扼杀了学生的想象力，让学生拿到一首诗歌的时候不是大胆地展开美好的想象，而是抓耳挠腮去思考所谓的正确答案。

（3）审美理解力的欠缺。在审美活动进行时，审美主体必须突破审美对象外在的形式，用心去体味形式外衣下的内蕴，才能达到审美理解，才能真正体会到诗歌的魅力。然而对审美感知力欠缺、审美想象力被扼杀的高中生来说，要达到这样的境界的确是难上加难。

3. 学习目的功利化，死记硬背只为应付考试。

现在很少有学生是因为喜欢诗歌而去学习，对于很多学生来说，学习诗歌、分析诗歌、背诵诗歌的目的只有一个，那就是应付考试。这与教学大纲以及考试大纲规定的体味、鉴赏诗歌的美，从而更好地体验人生、陶冶情操、提高修养的终极目的是背道而驰的。学习诗歌并不是源于学生自身的动力，本来能给人以精神愉悦的古诗词变成学生考试中最大的障碍，给学生带来沉重的压力。这样的现状实为可悲可叹。教师必须重新思考诗歌的教学方式和备考方式。

就现有的古诗词教学情况而言，以一种轻松有效的教学方式、一种全新的教学观念去引导学生真正走进古诗词，培养他们对古诗词的兴趣，提高他们对这种文学形式的审美能力，是教师需要面对的问题。

三、教学策略研究

基于上述情况，探究出一套全新的教学模式、教学方法已经成为高中语文古诗词教学亟待解决的问题。本文通过对高考大纲和历年考题的分析，将整个教学过程放入高考的大背景下，从古诗词本身的特点出发，对古诗词教学提出六点改进建议：

1. 提升教师素质

教师自身素质和教学能力的提高，直接关系到古诗词教学的成效，直接影响学生学习古诗词的兴趣。提高教师文学修养，培养教师讲授古诗词的能力，是教学大纲的要求，同时也是在高考诗歌鉴赏题走向主观化、开放化的背景下对教师教学能力的要求。

2. 更新古诗词教学理念，凸显学生主体地位

在古诗词教学中，教师不应是高高在上的宣讲者，也不能武断地做出自己的评价，把教学的舞台交给学生，让学生充分发挥自己的聪明才智，只有这样才能培养学生开放活跃的思维，才能让学生真正感知到诗歌的魅力，让学生真切地感受到古诗词学习带给他们的乐趣和情感熏陶。

3. 优化教学手段，借助多媒体教学

在古诗词教学中恰当巧妙地运用多媒体教学，能拓展教师的教学空间，使教学活动更具有创造性和有效性。多媒体教学手段的运用，也可以激发学生的潜能，使学生充分感受到古诗词的魅力，提高学生主动寻求问题、主动解答问题的能力。新兴的教学手段的合理运用，可以让学生取得良好的学习效果。

4. 渗透人文精神，提高学生人文修养

在教学实践中，教师应注重对学生人文精神的培养和塑造。古诗

词正是培养学生人文素养的宝藏，是丰富他们的精神世界、净化他们的心灵的营养源泉。

5. 加强诵读指导，培养学生的语感

诵读是鉴赏的前提。加强诵读指导，有助于学生进入古诗词所营造的情境之中，积累丰富的语言材料，培养语感，提升文化底蕴和审美能力。加强诵读指导，应增加学生阅读古诗词的数量，鼓励学生反复诵读古诗词作品。

俗话说得好，"熟读唐诗三百首，不会作诗也会吟"。通过反复的吟诵，学生掌握了诗歌的内容，培养了语感，提高了文化品位和审美修养。

6. 化诗入文，一举两得

教师可以从以下几个方面入手，培养学生化诗入文的能力：一是以诗句为题，画龙点睛；二是用诗句表情达意，阐释观点；三是巧用典故，推陈出新；四是用古诗词中的意境构局谋篇。

除此之外，教师还可以启发学生在写作中借用古诗词常用的表达技巧，如借景抒情、情景交融、抒情议论、渲染烘托等。总之，将古诗词的学习和写作练习结合在一起，是提高学生文学修养和审美能力的两全其美的方法。古语曰，"他山之石，可以攻玉"。在语文教学中，不同范畴的教学相互交融，相互推动，体现了语文学科的开放性和综合性。

巧借剧本置时空

——通过古典诗歌剧本改编培养学生时空观实践浅探

清华大学附属中学　　邱道学

　　古典诗歌鉴赏对学生的联想及想象能力有较高要求，而联想及想象能力常常涉及空间的转换或时间的迁移，乃至于时间和空间的双重变动。因此，帮助学生确立时间观念与空间观念，对培养学生的联想及想象能力至关重要。

一、古典诗歌中时空转换的常见情形

1. 仅仅涉及空间或时间某一方面转换的诗歌

　　比较简单的时空转换，一般不会对学生形成较大的挑战。比如，"香雾云鬟湿，清辉玉臂寒"（杜甫《月夜》），"遥知兄弟登高处，遍插茱萸少一人"（王维《九月九日忆山东兄弟》），"想得家中夜深坐，还应说着远行人"（白居易《邯郸冬至夜思家》），在这三首诗中作者所生发的联想，在空间上都有跨越，但时间上并没有变动。学生只要想象同一时间里另外一处场景的情形，理解与鉴赏的任务也就大致完成了。再比如，"早岁那知世事艰，中原北望气如山……塞上长城空自许，镜中衰鬓已先斑",顺着时间的流变,就能看清诗中今昔的对比,理解鉴赏也就逐步到位了。

2. 同时涉及时间和空间转换的诗歌

再复杂一点的时空转变,同时涉及时间和空间的变化,对学生联想想象的能力就提出了更高的要求。譬如,"君问归期未有期,巴山夜雨涨秋池;何当共剪西窗烛,却话巴山夜雨时"(李商隐《夜雨寄北》)。这首诗中,第一次出现的"巴山夜雨",是诗人现实中的情景,点明了诗人当时所处的时空位置:秋天、雨夜和巴山;而诗中第二处"巴山夜雨",已经是诗人在想象将来的情形了,而这种想象居然还涉及现在的情形——我们将来在西窗下摇曳的烛光里,还会说到今天这迷蒙阴雨的秋夜吧。这样,作者眼前凄苦的秋风秋雨,与将来"却话巴山夜雨时"温馨浪漫的画面,不仅完成了两次转换,而且还形成了相互的照应。这对学生提出了时间和空间同步转换的要求。当然,这种转换,对内容较为简单的诗歌来说,依据现实生活的情形模拟推断,想象一下明天也会说起今天的事情,大约也可以弄个明白。

二、剧本改编助力学生完成诗歌鉴赏中的时空转换

涉及较为复杂的时空转换情形的诗歌,尤其是篇幅较长的诗篇,往往会给学生带来内容理解上的困扰。比如《氓》中"淇水汤汤,渐车帷裳"这处描写,是现实中的场景还是处于想象(或回忆)中的情形?诸如此类的一些问题,需要学生做较为深入的探究。

课堂教学中,指导学生对诗歌进行探究鉴赏的手段有很多,其中"知人论世""缘景明情"等诗歌鉴赏的手法必不可少,而时空观念的建立,则还需要学生置身诗境,反复琢磨,探究诗歌情感流淌的脉络,

在时间的流变与空间的转换中仔细体味，在"诗无达诂"的迷雾中吹雾见日，做出自己个性化的情理兼备的解读。

1. 诗歌的"诗剧"特征为剧本创作带来的灵感

《诗经》中的很多篇目都带有"诗剧"特色，譬如《静女》，整首诗时间、地点、人物表情、情节连缀等，就像是一出戏剧。诗中"静女其姝，俟我于城隅""静女其娈，贻我彤管""自牧归荑，洵美且异"这些事件发生的时间与地点，给了读者较多的解读空间，都值得玩味。将其改写为独幕剧或者三幕话剧，都不无道理。

《静女》的诗剧特征让我颇受启发：如果用剧本写作的方式对诗歌进行解读，想必也是一个可行的办法。

剧本创作中，每一幕剧情的发展，每一场道具的设置，每一句台词的措辞，每一处舞台的说明，每一个动作表情的变化，都需要做精心的安排——都涉及时间和空间转换。如果再点缀些对环境的描绘，其感染力往往更加强大。如果我们把戏剧与诗歌做一个比照，例如比照剧情与诗歌的情境、道具与诗歌的意象、台词与诗歌的语言、动作、表情与诗歌的人物形象、环境与诗歌的景物，会发现比照对象之间有很多神似之处。从文学表现力来看，诗歌和戏剧这两种表达方式各有千秋。用剧本写作的方式来助力诗歌的解读、鉴赏，能够让诗歌与戏剧相映生辉。

例 1：

将杜牧《清明》诗改编为剧本。

要求：不能改动原文字数。

清 明

杜牧

清明时节雨纷纷，路上行人欲断魂。

借问酒家何处有，牧童遥指杏花村。

简析：

诗中人物是"行人"和"牧童"，人物动作分别是"问"和"指"，人物语言分别是"酒家何处有"与"杏花村"，人物表情是"欲断魂"，动作的形态是"遥（指）"，时间是"清明时节"，环境特点是"雨纷纷"，地点是"路上"。行人之问与牧童之答构成舞台的基本情节。

注意到这些要素，我们就可以动手改编了。示例如下。

剧本：

【清明时节，雨纷纷，路上】

行人：（欲断魂）借问，酒家何处有？

牧童：（遥指）杏花村。

这样的改编活动对诗歌鉴赏具有较强的辅助功能，学生在改写活动中对诗歌进行合理解读，这种解读关涉到诗歌的每一处具体细节：明确诗歌的意象，揣摩诗歌的意境特点，关注人物的动作、表情与心理活动，等等。

2.《氓》剧本改编教学实践

在学习《氓》这首诗歌的时候，同学们在鉴赏活动中产生了一些分歧，最重要的有两点：其一，"淇水汤汤，渐车帷裳"的描写是出现在女主人公的眼前，还是出现在回忆之中，甚或是出现在对将来的想象里？其二，"兄弟不知，咥其笑矣"的交代，是已经发生了的事情，还是女主人公对回娘家之后情况的设想？

这两个情节发生的时空，怎样解读最合理，不仅取决于读者对局部情节的揣摩，还取决于读者对诗歌整体情境的把握，这个局部在整体中一定要合理，才能达成对诗歌的合理解读。学生对剧本情节的安排与场次的处理，能显示出他们对诗歌内容的理解与把握。

例2：

高1710班方家培同学将"淇水汤汤，渐车帷裳"处理为女主人公回归娘家路途中的眼前之景，而将"兄弟不知，咥其笑矣"处理为对回家后情况的设想，在剧本的第一幕就将这两个设想一同呈现。

其剧本如下：

《氓》剧本

高1710班　方家培

第一幕

【淇水岸边】

（水势大，波涛滚滚，秋风萧瑟，草木凋零。几片枯黄的叶子打着旋儿落入汹涌的河水中，被吞没）

（一辆牛车缓缓沿岸边行来，车上暗灰色的帷幕随风拍打着车轴，已被河水打湿）

女主人公：桑之落矣，其黄而陨。自我徂尔，三岁食贫。淇水汤汤，渐车帷裳。女也不爽，士贰其行。士也罔极，二三其德。（打起车帘，满脸泪痕，看着河水出神）三岁为妇，靡室劳矣。夙兴夜寐，靡有朝矣。言既遂矣，至于暴矣。兄弟不知，咥其笑矣。静言思之，躬自悼矣。

第二幕

【春天，暖意融融，屋前桑叶吐出了嫩芽】

氓:（抱着一大匹布，至屋前，拍门）大妹子，在家吗？我来换丝呀——（门开，女主人公探头出来，正对上氓嘻嘻的笑脸）

女主人公:（微笑，赶忙侧身将门打开）快进来！

旁白: 总角之宴，言笑晏晏。

第三幕

【淇水岸边】

（二人在岸边站定）

女主人公:（提着被河水打湿的裙子，抬头，笑问）你什么时候再来呀？

氓:（笑，看着女主人公）那你什么时候嫁给我？

女主人公: 你——（后退，低头，小声地）你连个媒人都没有。

氓:（佯怒，转身）那我就不来了！

女主人公:（赶忙拉住氓）你别急，秋天我就……

第四幕

【夏。倒塌的矮墙，砖缝间杂草茂盛】

（女主人公缓缓攀下，闷闷不乐，其兄挑着胆子走过）

兄:（生气地）你还在等那小子（不等女主人公回答）瞧你天天像疯魔了一样，都跟你说，那不是个老实人，别跟他来往。等什么等，快回家！

女主人公:（转身跑掉，以手掩面，泣涕涟涟）

第五幕

【秋，倒塌的矮墙】

（兄弟二人站在矮墙上，遥望淇水边氓牵着牛拉着车哼着歌，女主人公坐在车上打着帘子探着头与氓说笑，头上插着野花。后面还有一辆牛车拉着嫁妆）

弟：（拍拍兄肩）哥，别担心了，占卜是吉利的。

兄：（叹气，不语）

旁白：桑之未落，其叶沃若。于嗟鸠兮，无食桑葚。于嗟女兮，无与士耽。士之耽兮，犹可说也。女之耽兮，不可说也。

第六幕

【破屋内】

（女主人公扎着发白的头巾，头发散乱，目光疲惫，向锅中舀水。她手上布满裂纹，蹲下身，将更多的柴火捅入灶膛中）

氓：（插着手，进屋，见女主人公蹲在灶下）怎么！饭还没好？（抓起扫帚，向女主人公，打）

女主人公：（惊，起身，哭，跑，头巾掉，头发散落）

第七幕

【回家途中】

女主人公：及尔偕老，老使我怨。淇则有岸，隰则有泮（叹气，擦干眼泪，自言自语）那就算了吧！（放下车帘）信誓旦旦，不思其反。反是不思，亦已焉哉！

剧本的结构是完整的，情节设置和语言都很有表现力。第七幕的"放下车帘"与前文的照应较为清楚，我注意到，第一幕里有"车上暗灰色的帷幕随风拍打着车轴，已被河水打湿""打起车帘"这样的交代，很显然，第七幕中女主人公的这个动作和第一幕的动作应该是连续的，中间第二幕到第六幕都是穿插在其中的女主人公所思所想的内容。

这个剧本可以挑两点小瑕疵。

其一，第七幕地点的设置"回家途中"过于宽泛，不如与第一幕的地点保持一致，在时空上完成一个回环。

其二，第一幕中"打起车帘，满脸泪痕，看着河水出神"这个动作，在第七幕需要一点儿照应，比如女主人公的眼神，在"看着河水出神"之后，可以有一些变化。比如，可以用"收回注视着河水的目光"这个动作，来做一些交代。

方家培同学将第七幕的内容修改如下：

第七幕

【淇水岸边】

女主人公：（收回注视着河水的目光）及尔偕老，老使我怨。淇则有岸，隰则有泮（叹气，擦干眼泪，自言自语）那就算了吧！（放下车帘）信誓旦旦，不思其反。反是不思，亦已焉哉！

这样，"淇水岸边"的地点、"收回注视着河水的目光"的动作，都与第一幕形成呼应，让整个剧本更为严谨。

高1710班李昶昊同学则将"淇水汤汤，渐车帷裳"理解为女主人公在回归娘家之前想象的情形，把"兄弟不知，咥其笑矣"作为女主人公回归娘家途中内心的想象。这两项内容，分别出现在剧本的第四幕和第五幕。

这里顺便做一点说明，《古汉语常用字字典》上把"咥"解释为"笑的样子"，并未说这"笑"是嘲笑还是欢笑。对于"咥其笑矣"的理解，李昶昊在剧本修改前后分别呈现了两种不同的理解。

例3：

《氓》剧本

高 1710 班　李昶昊

第一幕（集市上）

氓:（蚩蚩）怀抱布匹来换丝，其实并非真换丝，以此借口谈婚事。

女: 送君渡过淇水西，到了顿丘情依依。不是我要误佳期，你无媒人失礼仪。希望你不要生气，我们秋天为婚期。

第二幕（垝垣上）

女: 登上那堵破土墙，面朝复关凝神望。复关遥远不得见，心里忧伤泪千行。情郎忽从复关来，又说又笑喜洋洋。

氓: 我来卜卦问吉祥，卦象吉祥心欢畅。

女: 赶着你的车子来，把我财礼往上装。

第三幕（婚后破房子中）

旁白: 桑树叶子未落时，挂满枝头绿萋萋。

女:（懊悔）哎呀那些斑鸠啊，别把桑葚急着吃！哎呀年轻姑娘们，别对男人情太痴。男人要是迷恋你，要说放弃也容易。女子若是恋男子，要想解脱不好离!

第四幕（桑树下）

旁白: 桑树叶子落下了，又枯又黄任飘零。

女: 自从嫁到你家来，三年挨饿受清贫。淇水滔滔送我归，车帷渐湿水淋淋。我做妻子没差错，是你奸刁缺德行。做人标准你全无，三心二意耍花招。（心想:下定决心离开你!）

第五幕（归家途中）

女：婚后三年为你妇，繁重家务不辞劳。早起晚睡不嫌苦，忙里忙外非一朝。你的目的一达到，逐渐对我施凶暴。（心想：兄弟不知我处境，个个见我都讥笑。）静下心来想一想，独自黯然把泪抛。

第六幕（淇水河边）

女回忆：白头偕老当年誓，如今未老生怨愁。淇水滔滔终有岸，沼泽虽宽有尽头。回想少时多欢聚，说笑之间情悠悠。当年山盟又海誓，哪料反目竟成仇，从此不想背盟事，恩情既绝就算了。

李昶昊同学的剧本按事件发生先后顺序展开。我依然按照精益求精的精神挑一点儿小瑕疵。前四幕和第六幕都选择了在特定的地点展开剧情，唯独第五幕选择了"归家途中"这个宽泛的说法，如果加以修改，风格上会更统一，空间上给人的感觉更具体，内容上也会更谨严。

李昶昊将第五幕的内容修改如下：

第五幕（牛车上）

女：婚后三年为你妇，繁重家务不辞劳。早起晚睡不嫌苦，忙里忙外非一朝。你的目的一达到，逐渐对我施凶暴。（心想：兄弟不知我罢婚，欢喜迎我回家门。）静下心来想一想，独自黯然把泪抛。

改动以后，"牛车上"可以和诗中"渐车帷裳"形成呼应。而将"兄弟不知我处境"改为"兄弟不知我罢婚，欢喜迎我回家门"，则更显示出女主人公到家后的尴尬境地。

采用剧本写作的方式展开诗歌鉴赏活动，我在教学中只是做了一点粗浅的探究，个中妙处，犹待体味。总体看来，采用剧本写作的方式培养学生的时空观念，较之纯粹的鉴赏研讨，要直观得多。从教学实际情况来看，这种做法还唤起了学生的学习兴趣，调动了学生学习的积极性；写作教学与阅读教学的有机结合，让阅读为写作服务，让写作促进阅读理解；对诗歌文本做戏剧化改造，本身也促进了不同文学形式之间的交融互动。在今后的教学中，我将对此做进一步深入的思考。

参考文献

李玮含 2018《人生得意须尽欢——以〈水调歌头·明月几时有〉论苏轼的宇宙和时空意识》，《名作欣赏》第 9 期。

张计连 2018《华兹华斯与王维自然山水诗时空之比较》，《名作欣赏》第 29 期。

李飞 2018《高中历史教学中时空观培养策略研究》，江苏师范大学硕士学位论文。

汉字是解读古典诗歌的生命符号

中国人民大学　　朱子辉

汉字不仅是一种语言符号，它以"象"为本，是"本乎自然，象其物宜"①的产物，在形、音、义、象各个方面都积淀了我们这个民族厚重的生命体验与文化情感，所以它更是一种生命的符号、文化的符号。当这种符号被用于记载诗歌音声节律时，它就由一般意义上的生命符号、文化符号转化为凝聚着诗人独特情感体验的生命语言。

一、汉字之构型，源于生命之体验

据许慎在《说文解字·叙》中的描述，古人"仰则观象于天，俯则观法于地，视鸟兽之文与地之宜，近取诸身，远取诸物"②，于是创造了文字。因此可以说，汉字的构型即是对自然万物的概括，是万物形貌的抽象化再现。然而，汉字的构型却又不仅仅来源于客观世界，在长期的历史发展过程中，作为我们这个民族的语言载体，它更是经过

---

① 黄寿祺、张善文《周易译注》，上海古籍出版社 2001 年，第 563 页。
② ［汉］许慎《说文解字》，中华书局 1963 年，第 314 页。

了一代又一代的心灵过滤，成为一种具有历史与文化品格的象征符码。它的一横一竖、一撇一捺，囊括了我们这个民族对宇宙人生的看法，体现了浓厚的生命情怀。

以我们最为常见的"日""月"为例，它们在构型上都深深地烙刻上了我们这个民族对宇宙自然和人类社会真切的生命感知。比如"日"，不管是从甲骨文的字形还是从小篆的字形来看，都是一个轮廓为圆形似太阳的象形字。所以，由太阳的形象，在中国的传统文化中，人们便赋予了"日"一种文化原型的意味，"故日者，天之象，君父夫兄之类，中国之应也"[①]，它总是与天、君、父、兄等联系在一起。于是在唐诗中，当我读到"总为浮云能蔽日，长安不见使人愁"的时候，便情不自禁地联想到"爱君忧国之意"，或"自伤谗废，望帝乡而不见，触景生愁"[②]。当然，人们对"日"的感知又不局限于它的象形，而往往由其圆融饱满的外形，迁移到对其内德的体悟，如《说文》："日，实也，太阳之精，不亏，从口一，象形。"[③] 这里从音训的角度将"日"解释为"实"，是由于古人相信"日"乃众阳之精，充实而不亏，如《史记·天官书》注："日者，阳精之宗。"清人桂馥在《说文解字义证》中，也从这个角度引《洪范传》说："日者，昭明之大表，光景之大纪，群阳之精，众贵之象也。故曰：日出而天下光明，日入而天下冥晦，此其效也。"[④] 太阳之精，充满圆融，无稍欠缺，它使人体验到一种充实而光明、旺盛而昂扬的生命力量。所以，不管是王之涣的"白日依山尽"（《登鹳雀楼》），还是李白的"白日行欲暮"（《送张舍人之江东》），或者沈佺期的"白日青春道"（《洛阳道》），这些诗句中的

---

① ［清］桂馥《说文解字义证》卷二十，中华书局 1987 年，第 575 页。
② 转引自陈伯海主编《唐诗汇评》，浙江教育出版社 1996 年，第 695 页。
③ ［汉］许慎《说文解字》，中华书局 1963 年，第 137 页。
④ ［清］桂馥《说文解字义证》卷二十，中华书局 1987 年，第 575 页。

"白日"，作为一种青春生命的隐喻或美好时光的象征，或引起诗人无限的岁月流连，或激发诗人蓬勃的生命激情，都与"日"作为光明充实的"群阳之精"密切相关。再比如"月"，从甲骨文的字形来看，像"缺月"之形，所以《释名》曰："月，缺也，满则缺也。"① 古人有所谓"月有阴晴圆缺"的说法，而月又以缺象居多，故以"缺月"之形代表"月"字，这与《说文》中"月，阙也"的音训也正相吻合，反映了古代先民对它的最质朴的生命体验。在中国的传统文化中，与"日"圆满充实的外形相反，人们由"阙也"的月象，体验到了"月"的阴柔、静谧与顺美，甚至也像"日"一样，由一种自然物象迁延到作为人臣、妇女的文化象征。

　　由此可见，汉字中如"日""月"这样有形可象的汉字，它们的构型都是在"以象为本"基础上的线条的有序组合，作为自然、人生的一种概括形式，这些线条组合又都沉淀着古代先民们丰富的生命体验和情感内涵。当这些构型作为一种表现生命与情感的符号，被组织到诗歌中时，它又会不断启发诗人与读者新的生命体验与新的艺术创造力。

二、汉字之音声，实乃情感之象征

　　我们都知道，与拼音文字相比，汉字在结构上基本大小一致，没有形态变化，且都是由均匀和最低限度的语音来负载，因此从语音的角度看，汉字基本上都是独体单音的。这些单音节的语音与"以象为本"的表意文字之间，构成了"音"与"意"的有机统一体。再加上在汉语中有区别性的音节数目非常有限，导致大量的声韵相同或相似

---

① ［清］段玉裁《说文解字注》，上海古籍出版社 1988 年，第 313 页。

的汉字存在，这些汉字之间，通过以声相通、以音系联的方式，在人类社会与自然万象之间建立了有机联系。也正是在这种有机联系中，汉语的音声具有了极为意味深长的意义与情感的象征价值，它一方面展示了我们这个民族认识世界的方式，另一方面又蕴含着我们这个民族在表达自己与这个世界之间关系时的生命态度。以从"冓"声的汉字为例，高亨先生在《文字形义学概论》中有一段精彩的分析：

> 《说文》："冓，交积材也，象对交之形。"是冓有交冓之意。《说文》："构，盖也，从木，冓声。"朱骏声以构为冓之或体，近之。冓木为室，亦有交冓之意。《说文》："遘，遇也，从辵，冓声。"《诗·伐柯》："我遘之子。"覯者二人相视交覯也，与遘微别。《说文》："媾，重婚也，从女，冓声。"《易·屯卦》："匪寇婚媾。"媾者，两性男女相交覯也。《说文》："讲，和解也，从言，冓声。"《易·兑·象传》："君子以朋友讲习。"①

高先生以上所举的这些从"冓"声的汉字，皆有"相交"这个核心意思，两木相交为"构"，两人相遇为"遘"，两性相交为"媾"，由自然物象纵横交错的状态，推及于事物乃至于人与人之间的关系。这种以声系联的造字法告诉我们，在我们先民的视野中，世界万物都处于联系之中，共同构成了生机勃勃的生命世界。用哲学家的话来说，就是"天地万物，本吾一体"，即以一种生命的眼光来认识世界、理解世界。类似的这种以声系联的造字法还有很多，如晋人杨泉在《物理论》中说："在金曰坚，在草木曰紧，在人曰贤。千人一贤，谓之比

---

① 高亨《文字形义学概论》，清华大学出版社 2004 年，第 262—263 页。

肩。"①《说文》："叹，坚也"，"紧，丝缠急也"，"坚，土刚也"，"贤，多才也"②。也就是说，土之最刚者曰"坚"，丝之最密者曰"紧"，人之最能者曰"贤"。又宋人张世南曾举"青"云："青字有精明义，故曰无障蔽者为晴，水无溷浊者为清，目之能见者为睛，米之去粗皮为精。"③汉字通过音声系联，将人与物统而观之，强调世界一切现象的内在联系。由此可见，以声系联作为汉字创造的一种内在原则，在这里已经演化为先民认识世界的一种方式，他们在自然中发现自我，同时也在发现自然，这是人对自然宇宙的全方位的体认。以声系联，即是以声音相通的方式在汉字中建立起世界联系的图式。④

这种思维模式在汉字创造与运用中的体现，使得它对以汉字为创作媒介的诗歌语言艺术也产生了非常深刻的影响。我们都知道，诗歌正是通过音声节律来体现音乐性并表达情感的，所以汉字体系中的以声系联、音义调谐，一方面给诗歌的创作带来了极大的便利，另一方面也有利于读者从那些具有暗示意义、象征性的音调中读出情感，体悟诗人的生命精神。陈望道先生就曾说："象征性的音调，都同语言文字的内里相顺应，可以辅助语言文字所有的意味和情趣。"⑤这就是说，在诗歌创作中，如果能充分利用汉字音义相通、以声系联的特点，就能够创造出一种情思氛围，表征出诗人的内在情感。以诗歌的用韵为例，不同的韵，由于音响效果不同，对情感的表征也不同，所以古人特别重视选韵，讲求情韵相称。清人吴骞《拜经楼诗话》卷二记载："何无忌与人论诗云：'欲作佳诗，必先寻佳韵，未有佳诗而无佳韵者

① 转引自蒋绍愚《古汉语词汇纲要》，北京大学出版社 1989 年，第 164 页。
② ［汉］许慎《说文解字》，中华书局 1963 年，第 65 页。
③ 转引自蒋绍愚《古汉语词汇纲要》，北京大学出版社 1989 年，第 165 页。
④ 朱良志《中国艺术的生命精神》，安徽教育出版社 1995 年，第 133 页。
⑤ 陈望道《修辞学发凡》，上海文艺出版社 1962 年，第 228 页。

也。韵有宜于甲而不宜于乙，宜于乙而不宜于甲者。题韵适宜，若合函盖，惟在构思之初，善巧拣择而已。"[①] 声调对情感也有一种象征性的表现。龙榆生先生在《词曲概论》中说："入声短促，没有含蓄的余地，所以宜于表达激越峭拔的思想感情；上声舒徐，宜于表达清新绵邈的思想感情；去声劲厉，宜于表达高亢响亮的思想感情。但上、去两声与入声比较起来，总是要含蓄得多；所以上、去互叶，适宜表达悲壮郁勃的情趣。"[②]

总之，汉字的音声本是语言的物质外壳，尽管在语言诞生之初，音义之间的结合是任意的，没有必然的联系，靠约定俗成而稳定下来，但是汉民族生命模式的世界观和以声系联的造字法，使得汉语的语音和意义之间存在某种暗示或象征性的关系。诗歌的音声节律正是以此为基础，除了满足音乐性的审美需要以外，不同的诗歌因其句式的音节构成、平仄声韵不同，对诗人的情感也有不同的表征。反过来，我们正可以因声而入情，以汉字的音声为切入点，去探求诗人内在的生命情感。

三、汉字之多义，实乃情感之多绪

汉语中以汉字所记载的大多数词汇，其意义并不是十分清晰和固定的，往往具有多义性的特征，且各义项之间彼此联系，形成非常复杂的意义系统。汉字的这种多义性和模糊性，在日常语言中有时的确令人费解，甚至充满迷惑，阻碍交流，但在诗歌语言中，却正由于消

---

① ［清］吴骞《拜经楼诗话》卷二，载《清诗话》，上海古籍出版社 1978 年，第 741 页。

② 龙榆生《词曲概论》，上海古籍出版社 1980 年，第 173 页。

解了现实世界的固定指称和逻辑限定，从而表现出了诗人更丰富、更细微的生命情感。以"孤灯寒照雨，深竹暗浮烟"（司空曙《云阳馆与韩绅宿别》）为例，其中作为诗眼的"寒"与"暗"二字，在词性与意义上都比较丰富和模糊。"寒"，可以理解为表示"冷"的形容词，说明"冰冻"这一事实的名词，也可理解为"使……冷却"这一行为的动词。"暗"也是如此，《说文》："暗，日无光也；日月食也。"[①] 所以在这里，我们可以把它理解为"日无光"或"日月食"这一现象的名词，也可理解为形容日月无光之景象的形容词，甚至也可理解为表示"日月食"这一过程的动词。除了在词性上可以作如此多项的理解之外，我们还可以由对单纯自然景象的关注，进而深入诗人内在的生命情感，去做更为透彻的解读，比如，这两个字是否更深刻地蕴藏着诗人内心对久别倏逢、世事飘萍而不禁生发的世事"寒凉"与人生"暗淡"的感叹呢？

　　这种对一个汉字的词性及意义的多种理解，特别是其中所蕴含的自然状态与人类心灵的同态对应，不单单是诗歌语言的超逻辑建构或诗意的丰富所致，即便在一般汉字的基本释义中也大量存在。仍以"寒"这个字为例，《说文》："寒，冻也，象人在宀下，从茻上下为覆，下有仌（冰）也。"[②] 可见，在"寒"字的这个基本释义之中，它虽然明确指向的是一种自然状态，但其中又隐含着人类的一种主观感受。《礼记·祭义》云："霜露既降，君子履之必有凄怆之心，非其寒之谓也。"[③] 这就证明了我们汉民族很早以来就有因天气寒冷而内心凄怆，即将外在自然的感觉内化为生命情感的文化心理。所以，汉语中的"寒"

---

① ［汉］许慎《说文解字》，中华书局 1963 年，第 138 页。
② ［汉］许慎《说文解字》，中华书局 1963 年，第 151 页。
③ 李学勤主编《十三经注疏·礼记正义》卷四十七，北京大学出版社 1999 年，第 1310 页。

字，除了表示自然界的"寒冷"之外，又总是与人的凄苦、痛楚、绝望等情感联系在一起，反映了我们先民们真切的生命体验。这样的汉字在汉语中比比皆是，比如"沧"之于"怆"，"秋"之于"愁"，"凄"之于"悽"之类，皆是声义同源，从"心"旁明确表示人类情感的字，都是在表自然状态的汉字基础上派生而来的。汉字这种"本乎自然，象其物宜"的创造过程，与《周易》中所说的"观物以取象""立象以尽意"，与中国诗学中所谓的"感物言志"，在原理上都是一致的。

汉字具有这种关联物态、人心的多种意义，非常有利于诗歌语言在短小的篇幅中展现深层而多样的意绪，如"牧人驱犊返，猎马带禽归"（王绩《野望》）中的"返"与"归"，在这两句中就不仅仅是写乡村黄昏时的各种人事景象，更重要的是以别人的"返"与"归"反衬诗人自己"徙倚欲何依"的彷徨和"相顾无相识"的孤独。自陶渊明以来，中国古典诗歌有关隐逸或田园类的诗歌都特别爱用"返"或"归"之类的字词，如陶诗中就有"守拙归园田"（《归园田居》其一）、"带月荷锄归"（《归园田居》其三）、"敛翮遥来归"（《饮酒》其四）等诗句，唐诗中就更是不计其数，如"悠然远山暮，独向白云归"（王维《归辋川作》）、"柴门闻犬吠，风雪夜归人"（刘长卿《逢雪宿芙蓉山主人》）、"寂寂竟何待，朝朝空自归"（孟浩然《留别王侍御维》）之类。这些诗句中的"归"字，从基本义来说，都是"返回"的意思，但是在更深的层面却暗示的是家园的寻觅与心灵的归宿。因为在中国古代，特别是在唐人的生活图景中，为仕途而四海漫游，几乎成为每一个文人一生中必然的选择。长期的羁旅漂泊，身世浮沉，精神上的无所凭依，内心的孤独与惆怅，都让他们对"归"有一种强烈的渴求，回归家园便意味着温馨的到来和漂泊的结束。在唐诗的语言中，"归"与其说是"返回""回归"，毋宁说是一种精神家园的自我追寻。由此可见，唐诗语言中的"字之多义"实乃"情之多绪"，唐代的诗人们为了更充分地利用汉字作为语言与文化符号的双重特点，他们在唐诗语言的建构中，经常借助于词性的改变、语序的错综、成分的省略等各种手法，尽量凸显汉字在这方面的意义蕴含，使得诗句中的每个汉字都各尽其用，更加淋漓尽致地表现诗人自身的生命情感。

四、小结

综上所述，汉字从构型上来说，不仅方正美观、均匀适度，而且以"象"为本，外而宇宙万象，内而人心千态，无不毕陈尽收，一笔一画之中都沉淀着古代先民们丰富的生命体验。从音声上来看，通过以音系联的方式，汉字在人类社会与自然万象之间建立了有机联系，使得本来无所蕴含的音声具有了意味深长的意义与情感的象征价值。从意义上来看，汉字的多义与模糊，消解了现实世界的固定指称和逻辑限定，更有利于表现诗人丰富、细微的生命情感。汉字所具有的这些特点，不仅使它成为古典诗歌语言的天然材料，而且也使它成为我们解读古典诗歌生命情感的象征符码。正如朱良志先生所言："从艺术思维上看，汉字不仅提供了一套语言交际系统，也提供了一套认识世界的方式，一套思维系统，艺术思维也必不可免地受到了这种独特的符号形式的影响。因此，从一定程度上说，汉字乃是中国艺术之根。探讨中国艺术生命符号的形成和生命意识的培育，必须要涉及汉字。"①

---

① 朱良志《中国艺术的生命精神》，安徽教育出版社 1995 年，第 127 页。

一道独特的文化风景 ①

——高考作文引发的学科思考

北京教育学院丰台分院　管然荣　谢政满

　　在新高考改革进行得如火如荼之际，作为分值最高的一道试题，作文题已成为一道独特的文化景观。高考作文题是一个不断遭受热炒的焦点话题：交口称赞者有之，口诛笔伐者有之，痛心疾首者有之，冷嘲热讽者有之，恶搞起哄者有之……这种过于情绪化的热炒在持续证明高考作文题的影响力的同时，也常常冲淡了对高考作文题应有的冷静理性的思考。

　　无论你怎样地痛心疾首，无论你怎样地冷嘲热讽，无论你怎样地起哄抬杠，从科举考试到高考到"托福"考试，各类考试一直是一种冷静甚至冷酷的社会存在。针对这样一种客观的社会存在，与身在其外、无关痛痒的各界人士不同，教育工作者最需要做的绝不是浮躁的情绪宣泄，而是冷静理性的思考、扎实有效的应对。高考作文，是语文教育工作者无可回避、必须直面的现实问题。

　　如果将高考作文置于语文教育教学实践之中，平心静气地去探究

---

① 本文原载《中学语文教学》2015 年第 10 期，稍有修订。

讨论，我们会发现：高考作文绝非像外界苛评的那样面目可憎，而是具有人才选拔、学科导向、质量评估等多重教育属性和社会效能，包含着许多教育价值和文化意义。

一、在"限制"中历练人生

"无论什么国家，无论什么时代，写作一走进选拔性的考场，就不再是不可能是也不应该是纯粹的自由的文学创作……考场作文必须有一定的条件限制：一限时空，必须要在考场上，在两个半小时之内（根据目前的时间规定）来完成——且还要拿出若干时间去做作文之外的很多题目，不会允许你'精思附会，十年乃成'；二限内容或文体，绝不会允许有这样的情况——题目不限，内容不限，文体不限，字数不限……只要随心所欲写一篇。"[①]

与自发自由自主的写作不同，出于重要的选拔性检测的责任担当，出于对宿构、套作行为的严密防范，高考作文属于高强度的被动类型的写作，限制性应该是其最显著的特征。也就是说，高考作文是有（也应该有）明确限制的：能写什么，不能写什么；提倡什么，不提倡甚至反对什么，都是有明确底线的；选用什么文体，不能选用什么文体，也是有明确要求的——即使"文体自选"，也要选什么文体就要写得像什么文体，不能写得"四不像"。一言以蔽之：高考作文要有内容、情境、文体等多方面的限制。比如，2015 年高考北京卷的一道作文题，要求必须选写自己心目中的一位中华英雄，展开想象，叙述自己和他（她）在一起的故事，要写出英雄人物的独特风貌和自己由

---

① 管然荣《越具体的才是越丰富的——高考作文命题与考场佳作标准漫议》，《中学语文教学》2007 年第 8 期。

此产生的具体情感，要求写成想象记叙类的文体。

这样的限制性一直饱受社会各界尤其是文学界人士的诟病。但是，很多为批评而批评的批评者，却罔顾考场作文的基本事实，一味地指责高考作文这不合乎"文学性"那不合乎"人文性"，这扼杀了学生的"灵性"那压抑了人才的"个性"。这样的批评，除了一番情绪化宣泄，并没有多少理性质疑的力量。殊不知，必要的限制性恰恰正是选拔性高考作文不可或缺的重要属性，没有了限制性，所谓的选拔又从何谈起？

同时我们还应该看到，适当的限制性也是日常写作教学（乃至其他学科）训练学生精细思维能力的必不可少的重要因素。其实，任何真正的学术创造，大都产生于特定的专业范围之内。道理很简单，只有在这样相对狭小的专业范围内，才能进行精深的学术研究（至于文化视野的开阔与否，则是另外一个问题）。要想在写作中对学生进行精细的思维训练，恰恰正需要这样的限制性训练。这种限制性思维训练的基本特点，就是把概念的外延限制在相对狭小的范围之内，让思维聚焦在某一个小范围甚至小点上，然后再进行精细准确的分析、判断、推理。写作中的这种限制性训练也有类似的效用，它在训练学生准确的语言表达力的同时，也训练其敏锐精确的思维能力。有效地训练了这种精确细致的思维能力，才可能培养学生真正的创新能力。

说得再长远一点，这样的限制性写作也是一种特殊的意志品质的历练。试想，在学生必然迟早要面对的未来的社会生活中，各式各样的限制将是无可避免的；因此，学会在各种限制中锤炼意志，提升能力，追求成功，是现代青年学生必须具备的精神素质。

如此看来，学生通过写作训练这一特殊的学习途径，有意识地进行适当的限制性训练，训练精细思维的能力，训练应对各种限制的能力，这已经不仅仅是一种有益的学习实践，更是一种人生历练。

因此，在写作教学中，那种一味地张扬"想写什么就写什么、想怎么写就怎么写"之类个性化、自由化写作理念的想法与做法，说起来振振有词，看起来风光无限，但未必是真正科学的，甚或未必是真正负责任的。

当然，与限制性相辅相成的另一面，则是开放性。若没有开放性，高考作文就会陷入死板的封闭状态，就缺失了构思想象的多维空间，也就很难激发起不同考生的写作潜能。2015年全国乙卷作文题，要求考生从三名"当代风采人物"中选出自己最为赞赏的一位：笃学敏思、矢志创新的国际学术研究者大李，爱岗敬业、练就一手绝活的大师老王，酷爱摄影、捕捉世间美景的小刘，谁最具有新时代的风采？不同层次的学生都可根据自己的生活积累和情感体验自由选择，表达出自己的见解和情感。北京卷的选写自己心目中一位中华英雄的作文题，不同考生心中的英雄肯定也是不一样的。这些作文题都很好地体现了开放性的特点。

所以，在考场作文训练乃至日常写作教学中，我们要自觉而科学地引导学生去处理好、把握好限制性与开放性的辩证关系，并在训练过程中，锻造华章，增加人生历练。

二、在思辨中磨炼写作智慧

辩证分析法是中学生常用的议论文写作方法。任何事物都是矛盾统一体，辩证分析法强调用全面的、联系的、发展的观点看问题，反对片面地、孤立地、静止地看问题。运用辩证思维对某一问题进行分析是中学生应该具备的思维品质。正与反，虚与实，曲与直，巧与拙，有限与无限，含蓄与直白……在我们广阔丰富的写作世界里，存在着一对对既矛盾又统一的辩证关系。文章正是一种充满着辩证智慧的精神生命。这一特殊的精神生命，只有在富有辩证智慧的写作巧手那里，才能尽现其万千仪态。从某种角度看，遣词造句、布局谋篇，就是文字符号在思维中的辩证组合。辩证法是一切写作技巧的灵魂。真正的写作，正是辩证思维的灵动体现。

许多高考作文试题，恰恰蕴含着这样的思维品质。2014 年江苏卷：青春真的是"不朽"的吗？2014 年上海卷：穿越沙漠，到底是自由还是不自由？2015 年浙江卷：作品的格调趣味与作者人品是否是一致的？2015 年广东卷：从不同的途径去感知自然，到底是"近"，还是"远"？立足材料，运用辩证思维进行分析，才能全面、深刻地分析材料，表达观点。我们日常的写作训练，同样应该贯注这样的思辨精神。

当然，运用辩证思维进行分析，并不代表可以模棱两可地表达观点、看法，也不能只从宏观层面作浮泛空洞的"二元"议论，它还要求学生在全面分析事物的基础上，立足写作材料，发掘自己独特的生活积淀和情感体验，表达自己鲜明的见解，张扬自己独特的个性。在这里，张扬的个性与绵密的思辨并不矛盾。

请看 2015 年最能体现思辨色彩的上海卷作文题：

根据以下材料，自选角度，自拟题目，写一篇不少于 800 字的文章（不要写成诗歌）。

人的心中总有一些坚硬的东西，也有一些柔软的东西。如何对待它们，将关系到能否造就和谐的自我。

人心中总有"坚硬"的东西和"柔软"的东西，只有辩证统一地对待它们，才能达到和谐的统一。那么，"坚硬"的东西是什么？"柔软"的东西又是什么？每个学生自然有自己独到的理解。也许有学生认为坚硬的东西是"坚强""坚韧""冷酷"……柔软的东西是"软弱""温情""温润"……这些理解都会带上学生独特的个性色彩。因此，要写好这篇作文，不仅需要学生运用辩证统一的观点，将"坚强和柔软""冷酷和温情"有机统一起来进行全面透彻的阐析，还要注意重点发掘自己的生活积淀，表达出自己对"坚强和软弱""冷酷和温情"独特的理解和探究，表明自己独特的生活态度和观点。在辩证分析的基础上进行重点发掘，才能分析得透彻，挖掘得深刻，才能打动读者。

辩证思维的另一个特点是善于灵动变通，善于发现"异中之同"和"同中之异"。推而广之，在日常教学中，我们要有意识地指导学生去发现"异中之同"和"同中之异"，在反复比较中学会多角度地看问题。比如，学会"一材多用"的选材方法。"横看成岭侧成峰，远近高低各不同"，学生所积累的每一则材料，尤其是社会现实材料，往往截取的就是一段社会生活（或现实的或历史的），而这些生活材料一般都辐射着多重意义，鲜有单一指向的。这就为"一材多用"的写作方法提供了基本保障。比如，几乎人所共知的刘邦与项羽的故事，就不止一次地被不同年度不同考题下的考生采用过。谈诚信的题目，有一考生以项羽的诚信来反衬刘邦的虚伪。讲虚心听取他人意见的考题，有一考生用刘邦的虚心纳谏与项羽的刚愎自用来对比。两位考生各选材料的某个角度，各取所用，都做得很精彩。不过，材料固然是多意向的，但自己所拟定文章（特别是篇幅短小的千字文）的立意却是单一的，为了使自己的文章内容高度集中，在使用材料时，一定要紧扣中心，认真选取并分析出材料中与自己文章立意和谐一致的某一点，万不可发散无度，辐射无界，如风吹散沙漫天而去，以致写出的文章连一个起码的中心都没有。

不过，有些高考作文命题还存在这方面的疏漏。比如，有的虚拟性太强，导致现实关注度明显不够；有的材料内容单调，导致立意角度狭窄，开放度不够；有的材料中命题者的主观情感倾向太明显，导致考生无法运用辩证思维展开写作。这也从反面启发我们，在日常写作教学中，要高度关注思辨能力的训练。

三、健康的人生价值取向

2015 年全国各地的高考作文命题，大多继续沿用了"新材料作文"样式，其中生活故事类材料有 8 道题，社会现象类材料有 4 道题。社会现象类作文题直接取材于现实，生活故事类作文题则间接反映生活。同时，这些作文题又都与考生的生活经历和人生体验息息相关。我们从中不难发现，作文命题不再回避社会热点，着意引导学生关注他人，关注社会，关注自己与外部世界之间的联系，关注自我心灵世界的成长。例如：全国新课标乙卷作文题，通过创设"风采人物评选"的情境，引领考生去思考"个人价值"与"社会价值"的话题。全国新课标甲卷作文题，则用"女儿举报父亲开车打电话"的新闻事件，呼应着"依法治国"的时代新理念。山东卷作文题叙述"孩子"与"父亲"如何看待"丝瓜藤蔓与肉豆茎须纠缠在一起"的生活现象，意在引导学生体味日常生活小事中蕴含的人生哲理。上海卷"如何处理内心中坚硬和柔软的东西"，又在引导学生由外而内，关注自身建设和辩证思维能力的培养。

全国各地的高考作文题，都体现出"立德树人"的价值取向：引导学生积极展现健康向上的精神风貌，引导学生培育关注社会现实的人文情怀。这进一步印证了一个朴素的写作理念：作文就是生活的一部分（叶圣陶语）。

在日常教学中，我们的作文教学应该立足社会现实，尊重学生的生活积淀和人生体验，展现时代发展的轨迹；要贴近学生的生活实际，持续不断地引导学生对现实问题和内心世界进行深度思考，并在此基础上训练学生的观察、想象、思辨等各种语文能力。

"一切历史都是当代史"（克罗齐），关注现实与继承传统是不可分割的。传统文化可以在时代浪潮撞击中逐渐与现实生活相融相合。因此，追寻文化根脉，汲取传统元素，也是弘扬文化自信的当下极其响亮的呼声。高考作文同样折射出这一时代的文化气息：关注中华优秀传统文化的继承，正是高考作文命题的另一要旨。2014 年北京卷作文要求考生对"老规矩重新被提起引起热议"的现象进行思考。2015 年天津卷就社会上流行的词"范儿"展开阐述，要求学生从"民族""时代"等角度入手进行表达与交流。"一个民族有一个民族的'范儿'，一个时代有一个时代的'范儿'，不同职业有不同职业的'范儿'，一个人也可能有一个人的'范儿'。"现代流行词"范儿"一旦成为"有气质""有情调""有品位"等正能量的代名词，就与中华民族传统美德有了千丝万缕的联系。

"写作是认识世界、认识自我、进行创造性表述的过程"，"写作教学中，教师应鼓励学生积极参与生活，体验人生，关注社会热点，激发写作欲望"，这是现今《普通高中语文课程标准（2017 年版）》对日常作文教学指导的基本要求。"文章合为时而著，歌诗合为事而作"（白居易），由此看来，如何引导学生关注社会现实，如何引导学生继承中华传统美德并在与时俱进中发扬光大，如何帮助学生及时建立起适应生活的新需要的写作意识，这不仅是高考作文命题鲜明的价值取向，同时也是语文教育教学应该恒久坚守的人文主题。

四、一点余论：不容忽视的瑕疵

当下高考作文命题以及评卷也存在不少令人担忧的弊端，其负面影响也是不容小觑的。

笔者认为，值得警惕的主要有如下三种不良倾向[1]：

其一，各地高考作文命制中存在一种过于玄虚化的倾向，也存在一种过于注重"为艺术而艺术"的形式主义倾向，往往误导考生两耳不闻窗外事，一心空发思古情。这类高考作文题如"怀想天空""提篮春光看妈妈""山的沉稳，水的灵动""圆形与星形""戈多今天来了""行走在消逝中""留一点空白""我有一双隐形的翅膀"等。这类高考作文题给人的基本印象是，命题者仅仅陶醉于"文学性""创造性"的镜花水月中，闭目不见当下，躲避现实生活，躲进自己心造的"象牙塔"里，一味钟情于纯粹个人空灵潇洒的"怀想"。

其二，现今的高考作文评分标准、审美趣味有些错位甚至扭曲。考试大纲里有"有文采""有创意""有个性"之类"发展等级"的要求。早在2000年，语文考试说明就已经作了基本相同的要求。众所周知，这里所说的"文采"，不一定就是大量堆砌华丽辞藻，朴素平实的文句也未必没有文采。但是，时至今日，很多高考作文评卷者却对此缺乏全面辩证的理解。在高考作文的评卷中，有些评卷教师也常常被满纸眼花缭乱的"精言妙语"扰乱了视线，迷乱了方寸，见几句漂亮词句已然陶醉，再见一堆古诗文，便拍案叫绝起来。那类朴实本色的文章，虽然写的是眼前的生活，说的是心头的话语，情真意切，却因没有堆砌的华丽辞藻，没有组队的名言警句，没有组团的屈原李白而被打入"冷宫"，以致名落孙山之后。

其三，目前全国各地的高考作文（并且已经在向中考作文以及日常写作训练蔓延）依然存在十分严重、亟须纠正的文风问题。这些文

---

[1] 管然荣、任海霞《经世致用文，为时为事著——当前考场浮华文风探源》，《中学语文教学》2010年第1期。

风问题，笔者概括为：绮丽浮华，朴素稀缺；笼统空泛，脱离生活；虚情假意，矫揉造作；故作沧桑，迷失本色；随意散漫，文体淡漠；强词夺理，逻辑混乱；一知半解，刚愎武断；典故胡堆，诗文乱配。

"情欲信，辞欲巧"，"实诚在胸臆""意奋而笔纵"，"衔华佩实"，既有真切充实的题材内容，又有精致优美的文辞技巧，文情并茂，这是我们中学作文教学理所当然的审美追求。

虽然出现了一些令人担忧的现象，但是整体来看，从 1977 年恢复高考以来近四十年的高考作文命题中，我们可以明显地看到，高考作文的命题由简单机械地追随政治风向到凸现自身的学科特点，由形式单一到风格多样，正一步步走向科学与成熟。高考作文也正在逐渐引导着一届届学子通过考场写作，去叙真事，议真理，抒真情。

随着高考作文命题的不断探索，随着课程改革的不断深化，高考作文将越来越科学地施展出自己的教育功能，也将源源不断地向语文教学输入正能量。

北京高考语文微写作初探

北京市第二十七中学　　　刘诗萌

近年来，随着社会的不断进步，科技的飞速发展，越来越多的领域逐渐进入了"微时代"，例如微博、微电影、微课、微写作等。微写作逐渐在高考语文试卷中占据一席之地。

众所周知，对于北京高考来说，微写作是一道"年轻"的题目。在考试说明中，对这一考点的要求是：能用精练的语言描述事物、表达观点、抒发情感；能写简短的应用型语段。由此可见，微写作主要考查学生用精练的语言描述场景事物、表达观点、抒发情感的能力。此考点重在应用，重在对记叙、说明、描写、议论、抒情这五种表达方式的全方位考查。

由于篇幅的限制，微写作对学生文字的精练程度与文章结构的严密性都提出了较高的要求。因此，如何训练学生在微写作方面的思维、阅读与写作水平，需要我们不断地探索与思考。对此我也在教学中进行了一些反思，认为高中语文微写作的教学应关注以下几点。

一、选准切入视角

对于高中语文作文教学来说，如果没有一个准确的切入点，那么就很容易显得死板不灵活。对于微写作的教学，教师可以利用微写作命题材料的开放性较强与限制素材较少这一特点，借助课文教学布置任务，给学生自由发挥的空间，从而激发学生的创作灵感。

例如，在教授《陈情表》这篇文章时，教师可以结合课文，为学生布置相应的微写作任务，如："你如何看待忠与孝难全的问题？结合现实思考，完成一篇微写作。"具体操作时，教师可以引导学生从全面整体的角度概括，也可以从局部深入探析，可以从正面直接突破，也可以从反面进行批判。教师在训练学生进行微写作练习时，可以带领学生通过大量的实例分析进行演练，引导、辅助学生通过材料准确地找到最佳的切入点，培养学生迅速高效的入题能力。同时，教师在带领学生分析材料时，还可以引导学生多角度地进行思考，鼓励学生进行多角度思维，帮助学生拓宽写作思路。

二、锤炼写作语言

我国古人在写作中非常重视对语言文字的运用。无论是欧阳修的"为求一字稳，耐得半宵寒"，还是贾岛的"僧推（敲）月下门"，从这些典故中，我们都可以看出古人对锤炼语言的重视程度。因此，在进行作文训练时，锤炼语言可以使学生更好地描写客观事物，表达思想感情，增加文章的说服力。微写作篇幅短小，所以对语言文字的锤炼要求更高。在进行微写作训练时，教师应注意训练学生品读精彩字句，提高学生锤炼语言的能力。

例如，教师在教《故都的秋》这篇课文时，可以让学生对课文中的好词好句好段进行品读，引导他们仔细地体会和思考。如文中写到"早晨起来，泡一碗浓茶，向院子一坐，你也可以看得到很高很高的碧色的天色，听得到青天下驯鸽的飞声"，对于此句的赏析，教师可以带领学生首先从字词入手，画出相关的词汇，让学生赏析这个词用在这里的好处，然后让学生思考这些词是否能用其他的词替换，进而帮助学生更深入地理解作者的情感。然后再从句子和修辞入手，指引学生注意作者的写作技巧。最后，在授课结束后，教师还可以为学生布置相关仿写类的微写作任务，切实有效地提高学生的写作水平。

三、注重日常积累

在高中阶段，学生虽然已经掌握了一定的写作技巧与方法，但文章往往还会出现空洞、言之无物的问题。为解决这一问题，在日常教学中，教师可鼓励学生注意日常积累写作素材。写作水平的提升，离不开日常生活中的积累。引导学生学会积累更多更有用的素材，可以帮助他们有效提高写作能力。

积累写作素材，仅靠课堂上的阅读是远远不够的。在平常的微写作训练中，教师可以鼓励学生扩大自己的阅读量，在学习课文的同时多去阅读一些课外读物，从而扩大阅读视野，拓宽知识面。同时，教师还可以建议学生准备一个素材本，将自己在阅读中遇到的好的素材记录下来，还可以将一些素材做些适当的加工，使之变为自己的写作材料。另外，教师还可以引导学生多注意观察日常生活中的细节，让学生养成关注生活、积极思考的良好习惯。

以上，就是我关于微写作教学的一些浅显的思考。我深知面对当前全面教改的大背景，我所做的这些实在微不足道。但是我认为，对于微写作教学，教师要采用丰富的课堂教学形式，体现学习过程的开放性、体验性和实践性，培养学生的思维能力和表达能力，从而全面提高其读写能力、独立思考能力和批判性思维能力。要鼓励提倡师生之间、同学之间的相互交流和思想碰撞，注重在实践中提高学生运用语言文字的水平，发展学生的想象力和审美能力。语文教学，我们应始终行走在路上。

语文教学浅谈

北京大学　　苏培成

一、语文是知识大厦的基础，学好语文终身受益

在当今社会，有些人的语文应用能力不高，各种媒体中语文差错时常出现。例如，毛主席写的《忆秦娥·娄山关》："雄关漫道真如铁，而今迈步从头越。"其中的"漫道"意思是休说、不要说，表示让步。这个词在古诗文中常见。陆游《步至湖上寓小舟还舍》："漫道贫非病，谁知懒是真。"王力《庚申元旦遣兴》："漫道古稀加十岁，还将余勇写千篇。"近来这个词常被误用为"漫长的道路"。又如，在一本讲古文字学的著作里有这样的句子："《说文》所载字形数量繁多，它是许慎花付平生主要精力收集整理的结果。"其中的"花付"是生造的词，可以改为"付出""花费"一类的词语；还有："出于父辈对教育的重视，先生少儿之时就被送进私塾就读。家父聘请的第一位教师毕业于师范学校，主讲的是受西学影响而在当时通行的新式小学教材（如历史、地理、博物、数学等门类）。"其中的"家父"一词本是对别人谦称自己的父亲，而被误用为"先生"的父亲。

语文教学的内容是什么？有人说是语言文字，有人说是语言文学，

争论不休。我认为"文字"和"文学"两项内容并不互相排斥，不是要二选一，而可以兼收并蓄，就是既包括语言文字，又包括文学。语文教学的任务有两个方面，一是培养学生的听、说、读、写能力，二是培养学生初步的文学作品鉴赏能力。这两个方面是一个健全的学生必须具有的品质，也是学生毕业后升学或就业的重要基础。在整个教学计划中，只有语文课承担这两项任务，如果语文课不能完成这项任务，学生的知识和能力就会存在缺陷，要想为社会做出很大贡献几乎是不可能的。

有人认为听和说从小就会，不用学，这种认识不对。从母亲那里学到的听和说是指日常生活里的简短的话，复杂的话非学不可。语文的听、说、读、写能力是要学习培养的，要接受科学的训练才能学会的，要做到得心应手更要下苦功。中小学的语文课是打基础、入门径，语文要使用纯熟，更多地要靠自学，要终生学习磨炼。一个中学生要德智体美全面发展，不能没有美育，而文学作品是进行美育的好教材。

语文课要不要进行思想教育？当然要，要立德树人，不过一定要结合语文教学来进行。脱离教学的思想教育有两大害处：其一是荒废了时间，没有学到语文；其二是说教式的思想教育本身就破坏了思想教育的品质，收不到预期的效果。对于语文课中的思想教育要有新的认识，要摆脱肤浅的针对一时一事的思想教育，而是要让学生获得最具终身发展价值的人格修养和核心素养。学习一篇文质兼美的文章，就是让文章中的优美情愫滋润学生的心灵，使学生走向睿智，走向成熟。在语文教育中要传承并弘扬优秀的传统文化，优秀的传统文化是中华民族生存和发展的精神支柱。由传统文化的"仁民爱物、心怀天下、崇德奉献"，可以演化出"敬业爱岗、敬师爱生、敬老爱幼、济困扶弱"等基本价值观。

二、要抛开应试教育这根指挥棒

要提高语文教学的质量，实现语文教学科学化，就要抛开应试教育这根指挥棒。应试教育的问题是极端功利化。教学的目的不是为了考试，不是为了升学，而是为了培养人，培养人的创造能力和操作能力。多年来应试教育束缚着师生，教师和学生都围着考试转。考什么讲什么，教参上有的教师不敢不讲，担心一旦考到没讲的内容，学生考不出好成绩，各方面都不满意。学生考什么学什么，不考的不学。学就是死记硬背，搞题海战术。应试教育这根指挥棒把人变成了考试工具，学语文变得索然无味。必要的考试还是要的，但是不能为考而教，为考而学。

应试教育的问题不是语文教师个人所能解决的，对升学考试，尤其是高考，教师无能为力。这个问题一定要由教育主管部门下大力气才能解决，社会其他方面也要积极配合。前几年电视台播出的汉字听写大会，为了拉开距离出偏题怪题，方向是不对的。我 1957 年参加高考，记得那时语文只考一篇作文和一段文言翻译。后来考题越来越复杂，要求越来越严苛。分数越来越重要，尤其像高考，一分之差，名次就差十多个人甚至几十个人。今后随着教育事业的发展，优质教育资源的增加，情况会逐渐改变。考试主要考基本知识，考应用能力，不考死记硬背。作文是个很好的方式，可是因为评分有一定灵活性，不如选择题、填空题可以电脑评分，没有争议，所以不能只考作文，其实作文科学评分问题也是可以解决的。

三、语文课要具有吸引力，让学生愿意学习

有些学生不喜欢语文课。他们认为数理化不能耽误，耽误了就弄

不懂；语文不认真学也没关系，继续学习不受影响。教学计划里语文课的课时不少，可是学生收效往往不大。造成这种现象有多种原因。这里只说两点，一是教材，二是教师。教师的作用在一定意义上大过教材。下面回忆一下我是怎么样喜欢上语文课的，看这里面有没有什么规律性的东西。

我是 1948 年在天津升入中学的。我读书的中学是个老校，有多位学有专长的语文教师，还有一所藏书不少的图书馆。那时教师有较大的自由度，课本的文章可以选讲，可以调整次序，好像也没有教参，教师可以讲他自己愿意讲的内容。也没有许多的考试，期末考试也容易通过。60 年过去了，读过的课文差不多也忘光了，可是有些知识点却一直记着。初二时老师讲"推敲"的典故，才知道写作要字斟句酌。老师在课上讲李何林的《近二十年中国文艺思潮论》，知道了创造社、文艺研究会，知道了叶圣陶、茅盾、郭沫若，虽然不明白他们争的是什么。初三的语文老师是著有《古书虚字集释》的裴学海先生。他给我们讲语法，用吕叔湘先生出版不久的《语法学习》为课本。他结合文言文教学，告诉我们古汉语里否定句代词宾语要前置。他给我们讲"香稻啄余鹦鹉粒，碧梧栖老凤凰枝"（杜甫《秋兴》诗）里的倒装句式。因为学生写"步"字常在右下多一点，裴老师告诉我们"步"是由两个"止"字组成的，右下没有点。他结合课文给我们讲北方曲艺十三辙，我很感兴趣，就自己练习，随便拿出一个字很快就知道属于哪道辙。在初中时我开始对语文产生兴趣。到了高中，我一方面从老师那里学到许多新知识，一方面通过课外阅读开阔了眼界。高中时，报告文学这种文体刚刚兴起，我的语文老师就给我们做了介绍。张相的《诗词曲语词汇释》出版不久，老师告诉我们这是本很重要的书，有许多创新。那一年文化界举行纪念活动，纪念屈原这位世界文化名人，语文老师在课外活动讲了屈原的《国殇》和《橘颂》，引起我对《楚辞》的兴趣。课外阅读方面，我读了一些现代文学作品，也读了一些研究文学的书，例如林庚先生的《诗人屈原及其作品研究》《中国文学史》(上册)，游国恩先生的《楚辞概论》等。我那时开始读语言学的书。对我帮助最大的是吕叔湘、朱德熙两位先生合著的《语法修辞讲话》。我还读了王力先生的《中国语法理论》、高名凯先生的《普通语言学》，很多内容读不懂。随着阅读量的增加，不懂的东西越来越多。例如语音上的阴声韵、阳声韵不懂。听曲艺听到有一句唱词是"精卫冤深沧海能填"，不知道字怎么写，也不知道是什么意思。越是不懂，越想弄明白，于是开始偏科，学习的兴趣全在语言学和文学，最终确定了我的学术方向。从我的经历看，语文课完全可以具有吸引力，使学生愿意学习语文。关键在于教师。做一个好的语文教师不容易。依我看，语文教师至少要具备以下三个条件：第一，要喜爱语文，要矢志不移认真做好语文教师；第二，要有渊博的语文知识和较强的语文应用能力；第三，要讲究教学方法。从当前的情况看，有些教师最缺少的是语文知识。讲好语文课需要很多的知识。语文课本里的文选涉及方方面面，诸如《看云识天气》《苏州石拱桥》《第比利斯的地下印刷所》等。选文随时可以调换，对课文所说的内容，教师不可能都熟悉，怎么办？我主张以不变应万变，那就是着重从语文知识和语文应用能力去讲语文。把学生看来没有什么可讲的文章讲出学生不懂的知识，使学生学有所得。在教学第一线有许多优秀的教师，他们辛苦地耕耘，培养出大批人才。但有些教师自身知识不足，在课堂上讲不出多少东西，主要靠教参，照本宣科，讲课干巴巴，课堂死气沉沉，对语文知识的讲授还有差错。例如，有的教师把汉语拼音说成是拼音文字，把拼音字母说成是英文字母。有的教师不会分析句子的语法结构，不懂得常用虚词的用法。再就文学作品的阅读赏析说，涉及的知识点就更多更复杂，不但要熟悉文学史上的重要作家和作品，还要了解美学、心理学、认知科学等相关学科。"知识就是力量"，知识不足就很难把课程讲深讲活。知识不足的教师要抓紧补课，这样才能提高所授课程的知识含量。中学生有强烈的求知欲和好奇心，学术方向尚未确定。这时哪位教师课程讲得好，有吸引力，他就愿意学哪门课程。教师的引导作用往往能影响学生的一生。

要上好语文课，除了教师这一方面外，对学生也有相应的要求。学生要认真听课，与教师配合完成学业，增加课外阅读量，还要学会使用语文工具书，培养自学能力。教育主管部门要给语文教师多一些教学主动权，调动他们的积极性，发挥他们的业务专长；要给学生留出自学时间，去学他愿意学的东西，调动学生的学习主动性。教材也极为重要，但需要另外研究，本文暂不涉及。

不忘初心

——对目前语文教育和作文教学的一点感想

北京大学　　廖可斌

一

　　语文既是一个知识体系，也是一个价值体系。历来的语文教育，都力求平衡这两个方面，达到两者的完美统一，但真正要达到这一目标很不容易。在价值体系方面，传递什么样的价值观念给青少年，价值观念的传递如何与语文知识的传授融为一体，历来就不乏争论。如应该将一些做人的基本道理传递给学生，还是应该加进一些现实政治教育的内容；是以语文知识教育为主体，将价值观教育包含于其中，还是应以价值观为引领，以语文教育从属于价值观教育？这些都是我们必须面对并做出理性选择的问题。

　　在语文知识教育方面，古代讲究"书读百遍，其义自见"，"熟读唐诗三百首，不会作诗也会吟"，强调反复细致阅读经典文章，让学生自然而然体会到语言之妙，领悟作文之法，效果似乎也不错。近代以来，像在其他各个领域一样，我国的语文教育也受到西方教育观念和方法的强大影响。人们都以西方的东西为先进，予以借鉴或模仿，进行了种种探索和创新，如从强调知识，转到特别强调能力；从特别注重讲授和交流，转到特别强调所谓活动等。但这种探索和改革效果究竟如何，很难证明。

其实人的语言能力究竟是如何获得的，又是如何增进的，直到现在仍然是个谜。二十世纪以来，皮亚杰的发生心理学、乔姆斯基的转换生成语法理论等，都致力于揭示人的语言能力的来源、生成和增进机制，影响很大，但也只是提出了某些假说，并不能清晰描绘人的语文能力的获得和增进的机理、过程与规律。

近年来，认知科学、人工智能成为科学技术研究的热点。研究者试图通过检测、记录和分析人的神经活动、脑电波的变化，将人的认知、意识和语言的生成过程用物理的形式展现出来，揭示其中的规律，并用于人工智能的制造。这已经开启了认识和努力增进人的语言能力的另一条道路。以往的相关研究是人文化的，即把人当作一种特殊的存在看待，把人的认知和语言行为当作一种特殊的精神活动过程；这种研究则是物质化、技术化的，即把人当作一种普通的动物或物质，把人的认知和语言行为完全看成一种物质运动过程。随着科学技术的发展，人们开始进入认知科学和人工智能领域，试图揭示人自身的认知和语言活动的奥秘，这是自然而然、势不可挡的事情。一百多年前，倡导唯物主义哲学的马克思、恩格斯，就曾经指出，物质存在是精神活动的基础，精神并不是完全独立而高贵的存在，而也只是一种物质运动。并且，他们预测将来总有一天，人们能够用物理的形式，将人的精神活动展现出来。现在这一预测已经或接近变成现实。

但是，一方面，现在人们通过种种实验所描述的神经活动和脑电波的变化，究竟是否符合人的认知和语言行为的本来面目，还存在疑问。距离用物理形式完整系统准确地描述人类认知和语言行为的真实情形，还有很长的路要走。另一方面，基于认知科学等的人工智能技术正得到迅速发展，而且已有将大量知识信息压缩进芯片而植入动物大脑的实验，以至于很多人已经在期盼有朝一日每个人都能做这样一个手术，人就不再需要进行艰苦的学习了。但相对人的大脑本身，人工智能也好，大脑芯片也好，都是外在的东西，这些技术有助于解决很多现实需要，但无助于甚至可能有害于人脑本身的发展和运用。整个人类都依赖于外在的人工智能技术和大脑芯片，而完全放弃每个个体大脑的发展和运用，所有人都变成实际上的无脑之人，至少现在看来还是不可想象的。在人工智能和大脑芯片迅速发展的今天，我们还得关注人的大脑本身的发展和运用，还得继续探索人的大脑的认知和语言行为的内在奥秘，并且要思考人的大脑本身的发展和运用，要思考人的大脑如何与人工智能和大脑芯片和谐相处。

总之，到目前为止，虽然人们通过科学技术手段，对人的认知和语言行为的认识有所加深，但还没有真正破解人的认知和语言行为的奥秘，对我们的语文教学所能带来的启发就相当有限。例如，相对于母语学习，二语习得更是人为的而非自然的过程。于是研究二语习得的学者，更热衷于将认知科学的某些原理运用到二语教学中，而实际效果如何，也很难判断。

二

自二十世纪七八十年代以来，改革开放和创新成为中国社会发展的主旋律。经济要改革，政治要改革，教学也要改革。科技要创新，文化要创新，教育也要创新。改革、创新总体上是必要的，是有积极意义的。但过度强调改革与创新，改革与创新变成了一种魔咒，整个社会都患上了一种改革、创新狂躁症，也不是一件好事。一是有些所谓改革和创新，实际上是假改革、创新之名，谋取私利，达到不可告人的目的。正如法国罗兰夫人所说的，"自由，自由，多少罪恶假汝之名以行"。二是许多盲目而匆忙的改革和创新，没有经过充分的论证，乱改乱试，徒然造成混乱和损失，实际上严重损害了事业的正常发展。

在整个世界上，生命是最高的物质存在形式，人的思维活动是最复杂的系统。凡是与之相关的学问，即所谓人文学科，如教育学、哲学、文学、艺术、神学等，都是最复杂的学问。正因为复杂，所以发展也就比较缓慢。自然界各种物质千变万化，人类所创造的物质产品瞬息万变，但人本身的变化极度缓慢。作为研究对象的人的变化极度缓慢，决定了研究人的学问如教育学、文学、艺术、神学等的发展变化也非常缓慢。又因为变化非常缓慢，相关知识的时效性大大加强，古代先贤的智慧仍对后人具有启发意义，所以，这些学科在同样也追求创新的同时，特别需要强调继承。

这就是说，不同的学科有不同的发展规律。我们不能简单以自然科学、技术科学、社会科学的眼光来看待人文科学。但是，近一百多年来，特别是近几十年来，经济、科技成为社会发展的主轴，经济学、自然科学和技术在社会上享有至高无上的地位。经济和自然科学技术的发展是日新月异的，因此经济学和自然科学技术特别注重创新。对这些行业和学科来说，不创新就毫无意义，因此它们特别强调创新是完全合理的。问题是由于经济和自然科学技术的强大主导作用，特别强调创新的经济和科技思维方式成为整个社会占主导地位的思维方式。人们不仅用经济和科技的思维方式思考和看待经济和科技的问题，也用这种思维方式思考和看待教育学、哲学、文学、艺术、神学等的问题，蔑弃传统，轻视继承，片面强调创新，造成了严重弊端，语文教学领域自然也未能幸免。

语文教学领域出现过度追求创新的乱象，除了上述社会大环境、思维方式等方面的原因外，还与语文教育内部的管理机制、考核机制、利益机制有关。教育管理部门掌握了太多的资源和权力，根本不尊重学校和教师教学的自主权。有些机构和官员为了迎合上司的某种需要，为了出政绩，为了升迁，或为了权力寻租，随意制定和改变教学的政策，改变教材，改变考核标准，往往利用行政权力一刀切，让管辖范围内的学校和教师不得不靡然向风。有关教育机构层层设立教改项目、评估项目。对中小学教师的评价考核，也不是主要看他教学效果如何，而是要求申报课题，要求发表所谓教改论文。就像评价考核医生，不是看他如何看病做手术，而是看他发表了多少论文。既然有关机构设置了种种教改项目，评价考核又有申报教改项目和发表教改论文的要求，教学研究人员和教师就不得不千方百计申请这些项目，绞尽脑汁想出种种花样，挖空心思进行种种实验，总结各种经验，形成五花八门的所谓教改研究成果。整个教育领域，特别是中小学教育领域，尤其是语文教育领域，便成了谁都可以插上一脚的试验田。

这样改来改去的效果究竟如何呢？只要我们不睁着眼睛说瞎话，就不得不承认，效果并不理想。在价值观教育方面，随着生活环境的改善，年轻人的生活习惯有所改进，如不随地吐痰、不乱丢垃圾、不乱穿马路、不高声喧哗等，比上几代人有明显的进步，这是令人欣慰的事情。但在讲诚实、守信用、说真话、遵纪守法、维护公共利益、勤劳节俭、待人友善等方面，表现还不尽如人意，而这些乃是积极健康的价值观中更重要的内容。年轻一代中存在的自私自利、心胸狭隘、意志脆弱等现象，尤其令人感到忧虑。公民教育是基础教育的重要组成部分，语文教育应该在其中发挥重要作用，我们不能说它已充分起到了这样的作用。

在语言知识和语言技能方面，我们的语文教学更招致诸多诟病。现在的中小学语文教材，又是主题群，又是文类群，又是目标任务群，又是核心素养群，还有核心价值群，名目繁多，反而显得杂乱无章。

至于教学过程和手段，什么思考与问答、扩展阅读、讨论、活动，支离破碎，凌乱不堪。老师教起来束缚太多，无所措手足；学生学起来头绪繁杂，流于形式，始终不能用心灵去贴近文本，感受文本。

这种语文教学方式的结果，自然会在作文方面体现出来。我在二十世纪八九十年代曾参加过多次高考阅卷，前些年还主持过浙江高考语文阅卷。另外，我还参加了十几年的冰心作文大赛的评审工作。在大学里教书，也比较了解现在从中学过来的孩子们的语文水平的实际情形。给我印象最深的，是学生写作中普遍存在的八股腔、假大空腔，都只会说一些大话、空话、套话。大概是中学的一部分学生也讨厌这种腔调，有些老师也力图引领学生另辟蹊径，于是又出现了另一种套路，即花里胡哨腔。模仿意识流等现代文学的手法，写些莫知所云的话。要么假大空，要么花里胡哨，就是不愿意或不会好好说话。学生根本就不会真诚表达自己的感受，仔细描述一件事物，清楚叙述一个过程，或讲明白一个道理，而这些才是文章写作的康庄大道。至于那种假大空腔、花里胡哨腔，小学生能写出来会被视为天才，初中生能写出来还会被认为优秀，高中生继续这样写就已是一种俗套了。关键是一旦养成了这种习惯，他将终身感受不到语言之美，领悟不到文章写作的真谛。不仅缺乏欣赏文学艺术之美的能力，也写不好议论文、记叙文等实用文章。

三

综上所述，在我们还并不充分了解语文学习的基本规律的情况下，过于强调语文教育的改革、创新等，可能越改越乱，效果适得其反。我很担心，我们是不是像在很多其他领域所做的一样，在中小学语文教育方面过于强调创新，迷途忘返了。鉴于多年来语文教学改革成果并不理想的经验教训，我们可能应该认真反思，调整一下思路，返本开新，"不忘初心"，重新回到语文教育的起点上。

我们每个从事文学研究和教学的人，不妨回顾一下自己的亲身经历。我们之所以走上这条职业之路，最初一般缘于对语文和文学产生兴趣。至于引发这种兴趣的机缘，则可能非常偶然。产生这种兴趣之后，是否能保持和发展这种兴趣，又会受很多外在和内在因素的制约。语文也与其他很多学科一样，兴趣是最好的老师、最大的动力。有了兴趣之后，主动的阅读、思考和写作练习，是提高语文水平最有效的途径。其他学科的知识有很强的连续性，因此在很大程度上依赖于教。语文能力有顿悟的特点，一旦有悟，则年纪很小就会表现出卓越的能力和潜力；如果不悟，则终生学习练习也不一定有效果。因此语文能力主要不是靠教出来的，而是靠读出来、悟出来的。

与其寄希望于令人眼花缭乱的种种理论概念和改革举措，我们还不如根据自身学习语文的真实感受，选好真正文意俱佳的范文，重点是引发学生学习语文的兴趣，然后让学生好好读点经典文章，学会用自己的眼睛观察，用自己的脑子思考，用自己的心说话，说出自己的真实感受和想法，尽量把意思说得明明白白，把条理捋得清清楚楚，力求语言干干净净。至于部分学生特殊语文能力的生成，包括文学才华的养成，因为其中存在太多的偶然性，难以人为干预，只能顺其自然了。

高考改革的一种思路

中国人民大学　　马相武

我属于40年高考的最早见证者和高考阅卷资深参与者。我跟许多人一样，对于高考和高考改革颇有切身体会。

高考的全称是普通高等学校招生全国统一考试。高考一词，基本上都是指国内现行高考。

鉴于高考已经完成曾经推动社会历史进步、在思想解放进程中促进振兴中华的历史使命，同时又愈益暴露出无法根治而且愈发膨胀的落后选拔制度的弊端和痼疾，愈益暴露出不利于追赶世界先进教育、科技和人才发展潮流的弊病和缺陷，愈益暴露出不利于解决日益增长的社会教育需求的结构性矛盾的先天不足，本人主张尽快取消现行高考。步骤可从近期酝酿准备替代高考的方案到实质取消高考制度到彻底取消高考制度，宏观上指向整个国民教育尤其是高中等教育的结构性改革和先进理念性改革的最终完成。

在一个时期内，要分两步走。第一步是实质性取消全国统一考试形式的高考。取而代之的是松散校际联盟形式的两大联合招考，在设置全国范围的国家高中学业水平测试基础上，设置极少数研究型大学联合招考和非研究型大学的广大普通院校的联合招考。两大联合招考尤其是非研究型大学的普通院校招考的重要基础之一，是全国范围的国家高中学业水平测试，而这种测试的操作实务是关系改革成败的重大挑战。地域差异、校际差异和诚信采集系统，都是改革的重要参照环节。最重要的是提出统一高考的替代方案，提出研究型大学的确认方案，提出研究型大学新生的招考标准和实施细则，并加以先行论证和试点，再逐步全面展开。在联合招考完成历史使命后再取消联合招考。第二步是所有高校实施各校独立招考，实现真正意义上的完全自主招生。

中国高考制度已经到了下决心革除弊端的时候。人们常说高考要使人民有获得感，要营造社会公平氛围。高考本来承担选拔人才的功能，有利于解决社会发展的矛盾，特别是人类文化教育的需求、人类自我再生产的需求和社会综合发展的不平衡的矛盾。由于社会矛盾尖锐突出和复杂化，高考成本巨大到社会难以承受，导致这些年来的高考改革发生方向性扭转。完全意义上的全国统考正在迅速回归。部分省份的单独命题已经取消。中国高考制度改革，其正确出路在我看来，在于果断取消高考，逐步实现高校完全自主招生，而不是回过头去恢复、完善、修补。改革是向前进，而不是开倒车。首先要设置研究型和非研究型两大类高校联盟，分别实施联盟招考、独立招考或多校组合招考，最终实现完全自主招考。取消现行高考制度，很重要的一条改革举措是设置全国范围的国家高中学业水平测试。普通院校可直接根据高中学业水平测试成绩、高中平时成绩和综合表现进行自主招生，最大限度地满足全民上大学的愿望，解决上大学难的问题，解决考生不合理、非理性分流的问题。研究型大学可以在高中学业水平测试的基础上再进行选拔性考试。这样的考试应当有研究型大学的特殊需要和个性定位，这样才有利于世界一流人才的培养和世界一流大学的形成。不客气地说，迄今我们很多人不知大学为何物，不知教育为何物，不知一流人才为何物，不知科技创新为何物。都说大学要有大楼和大师。实际上有了大楼，有了伪大师，还是没有真正的一流大学。因为教育也好，招考也好，大学也好，都缺乏先进的理念和先进的制度。

当前，教育要求现代化，社会要求在公平、公正的基础上进一步提升综合发展、全面发展的水平，人民要求有幸福感、获得感。在全球化潮流下，考生多元分流和考生国内外大流动趋势愈益显著。仅举一例，北京人口两千多万，但是高考考生近年来每年都是只有六万多一点，也就是说，在数百万个家庭当中，只有六万多个家庭因为有考生参与而与高考直接相关。高考录取率大幅提高和高等教育大众化已经是既成事实，高考制度改革如何尽快地适应社会发展的大潮流和全球化的大潮流，如何适应中国的国际地位迅速上升、急需高端人才的现实情况，已经刻不容缓，迫在眉睫。

高考在许多教育比较发达的国家或社会综合发展程度较高的国家并不存在。在一些社会文化背景跟中国（大陆）有某些相似性的、经济和教育相对发达的国家和地区，高考（或类似高考的考试）已处在被淡化的状态之中。高考及其改革需要放在世界范围里考察和思考，放在全球化和国际化的世界格局当中，放在现代教育迅猛发展演变的大背景下来考察和思考。我个人的看法是现行的高考制度是严重落后的、严重脱节的、严重不适应的，完全不能适应新型教育的发展潮流，而且距离所谓钱学森之问的解决之道越来越远。

我们对于高考的改革就是要顺应世界先进教育的潮流。不说别的，青少年由于高考高压带来的体质退化、三观混乱和心理健康问题，就是中华民族一代又一代的心头之痛。不说别的，我们至少需要一代又一代健康的青少年吧？

高考有其历史沿革，有其历史必要性。高考包含了国家高等教育人才选拔、培养和测试的各个环节和要素。高考作为高等学校选拔新生的制度，在实践中也暴露出许多深层矛盾。我们经常说勿忘初心，稍微回顾一下，也许有助于高考改革的顶层设计。

高考跟科举有一定渊源。中国有 1300 多年科举考试的历史。科举制度曾显示出选拔人才的优越性，对东亚区域的文化教育和政府管理也产生了深远影响。

1904 年，清政府在张之洞等人的主持下颁行了《奏定学堂章程》。1905 年，是一个特别的年份。日俄发生战争，战场却放在中国东北。孙中山在革命运动中提出了三民主义。清廷迫于世界大势和挨打局面，出于发展新教育、培养实用人才的需要，致力于革除旧的选拔制度，在 1905 年 9 月下诏，一举废除了延续 1300 余年的科举制度，引进了西方的学校考试制度。科举考试制度寿终正寝，中国现代高考制度登上了历史舞台。中国现代高考制度的建立，其最重要的来源，一是科举考试制度所形成的传统考试思维和价值，二是西方现代考试制度的模式和手段。所以，我们今天需要汲取这两种考试制度的经验教训，尤其是需要进一步吸取西方现代考试制度的经验，借鉴现代教育的最新理念和成果，扭转教育和科技的落后局面，实施新的改革。

1936 年，全国已经有 100 多所大学。当时的高考制度是各所学校自主组织命题，学生可以选择报考多所大学，也可能同时被多所大学录取。说不上当时的大学已经多么先进，但是完全自主招生似乎也没有捅出天大的乱子。

1952 年，新中国建立全国统一高等学校招生制度。统一高考在当时的历史进步意义主要是彰显社会公平和平等，也适应了当时国家快速选拔人才的需要。1977 年，邓小平出任国务院副总理，主持恢复高考。恢复高考改变了千百万人的命运，挽救了中国教育，也挽救了整个中国。

但是，后来高考变成了指挥棒。对于我来说，高考改革的最终结果应该是：高考不是或不再是指挥棒。指挥棒的说法应该不再流行。不仅仅是一句话的流行与否，而是我们的思维方式也可以改革一下。

高考可以追溯到 40 年前，恢复高考后的高考改革在 40 年中也一直在持续。但是，现行高考制度并不代表教育的全部现代性，也并非与生俱来，不是必须存在的。迄今为止的高考改革都是在努力完善高考，但绝大部分属于修修补补的改良，包括科目调整等。这些改革举措，是为了让高考更加合理、更加公平和更加和谐地存在，是为了延续其寿命，增强其生命力。但是如前所述，在我看来，高考制度不光是先天不足，而且弊端严重，愈益不能适应全球化形势下人才培养的需要，愈益不能适应高等教育竞争性和现代性的需要。我们需要改变思路，重新审视高考及其改革。

高考改革是教育体制改革中带有根本性和指向性的改革，它包括高考改革和高招改革，而高考改革又包括命题改革和阅卷改革。这方面，期待有机会专文述及。

近四十年日记研究的新收获

江苏省东台市教育局　　程韶荣

进入 21 世纪，日记有似凤凰涅槃，浴火重生，表现出蓬勃的生命活力。随着日记写作的逐步普及，日记研究也应运而生。

近四十年的日记研究，大体经历了由呼唤日记无罪到认为日记有功、呼唤日记普及到日记成"学"的历程，或者说是经历了从承认日记的合法性到普及日记再到开展对日记的学术性研究的阶段。本文拟从以下几个方面探讨近四十年日记研究的轨迹。

一、日记走向合法化的时代（1976—1986 年）

从 20 世纪 50 年代至 60 年代，人们因为日记而获罪的现象时有发生，这一情况到"文革"时期更加严重。有些人害怕日记带来麻烦而痛心地销毁了日记，有些人的日记被"造反派"抄劫，日记成了某些人罗织罪名的"黑材料"。很多人不敢在日记中写真话，吐真情，谈真理，不得不愤然掷笔。与此同时，"伪日记"一度盛行。十年浩劫之后，思想界开始拨乱反正。1978 年 8 月 10 日，中共中央组织部发出《关于认真清理被指控为"恶攻"的案件的指示》，指示说："有的人对某些理论问题和方针政策问题，在一定的场合或者书信、日记中，提出了自己的看法，这种情况，在党和国家生活中是正常的。即使说错了，也可以通过民主讨论、说服教育、批评与自我批评的方法来解决，不能乱扣帽子。"1979 年，我国第一部刑法颁布，正式取消了"思想犯罪"，从法律上保障了公民拥有写日记的自由。同年 8 月 4 日，《人民日报》发表了原江苏《群众》杂志副主编乐秀良的杂文《日记何罪》，该文旗帜鲜明地提出："在社会主义国家里，日记应该受到法律的保护"，国家的法律必须"真正保障日记无罪；保证日记不致成为抄家的目标、文字狱的罪证，保证日记作者不会成为思想犯"，"因日记被抄家、批斗、判刑的冤案应该彻底平反、昭雪"。这是在党报发表的第一篇正面讨论日记是否有罪的文章。紧接着，乐秀良在 1979 年 11 月 21 日的《人民日报》又发表了《再谈日记何罪》，进一步明确指出：日记"一无宣传，二无流毒，三无影响，四无不良后果，因而构不成犯罪和刑事责任"。

这两篇讨论日记的文章发表后，立即在社会上引起强烈的反响。乐秀良在最初的几年里收到全国各地数百份读者来信。他一一复信，还奔走呼号，为日记蒙难者平反昭雪，做了大量切实的工作（详见乐秀良著《日记悲欢》，湖南人民出版社 1986 年）。此后，这位被誉为"日记保护神"的杂文家还写了《民主、法制与保护日记——三谈日记何罪》《愿写日记蔚成风气》等多篇文章，大声疾呼"日记无罪"。1982 年 7 月 16 日《人民日报》专门发表了署名文章《关于言论能不能构成犯罪的问题》，文章说："判断言论是不是犯罪，要看言论是否危害社会，触发《刑法》……如果他把思想记在日记里，但没有散布，没有危害社会，就不构成犯罪。"除《人民日报》之外，当时的《红旗》（后易名为《求是》）杂志、《群众》杂志和其他许多报刊，都曾刊登文章，提出和支持这个观点。（乐秀良《日记悲欢·后记》）

国家法律的明文规定和媒体的鼎力支持，使得日记这片荒园真正"回黄转绿"，获得了新生。前后花了差不多十年时间，日记冤案逐步得以纠正。自 20 世纪 80 年代起，社会上写日记的人逐渐增多，一些中断了十年、十几年不敢写日记的人也终于消除了余悸，重新开始了日记写作。从此，中国告别了有"日记罪"的年代，人们终于可以"放心地、真实地写日记"（张友渔《日记悲欢·序》）。这一宽松、和谐的社会环境来之不易，乐秀良先生的呼吁功不可没。

二、日记走向普及的时代（1978 年至今）

我很赞同韩石山先生的观点："对国人来说，普及日记理念，提倡记日记，记真实的日记，进而研读日记，有甚于建立'日记学'的意义在焉。"因此，有必要先讨论日记的普及问题。

日记的普及方式充分体现了中国特色：以教育部门倡导为主体，社会各界合力呼吁为辅。要让全社会形成写日记的良好风气，首先要从校园入手，从培养青少年写日记入手，这是一条切实可行之路。

（1）语文教育家的主张。中国语文教育家提倡写日记已经形成了优良的传统，承前启后，代代相传。"五四"前后，就有梁启超、胡适、鲁迅、郁达夫、黎锦熙等多位语文教育家提倡写日记，而以叶圣陶最为热情而持久，他提倡写日记前后长达近 50 年。进入新时期，又是他第一个倡导青少年写日记。1978 年，他在《大力研究语文教学，尽快改进语文教学》（《中国语文》1978 年 2 期）一文中大胆提出："我只觉得这样的习惯（指上文所说从小学高年级起，养成写日记或记笔记的习惯）假如能够养成，命题作文的办法似乎就可以废止，教师只要随时抽看学生的日记本或笔记本，给他们一些必要的指点就可以了。"这一倡议振聋发聩，在全国中小学语文界引起震动，许多学校开始尝试日记教学。张志公等先生也都认为，要学好语文，就要常写日记。刘国正先生在总结湖北省宜昌市语文教改经验时特别强调："我十分赞成在青少年学生中间大力提倡写日记。"朱永新先生是把日记教育纳入整个教育思想体系的第一人。他说："日记是我找到的一个非常好的教育方法"（《新教育实验的理论与实践》），"以日记教育为突破口，练笔育人，一定能培养具有完整人格、完整智慧、有个性的创新型人才"（《与日记为伴》）。他亲自主持"新教育实验"课题研究，倡导"师生共写日记"，"建议每一位教师都来写教育日记"，将苏联教育家苏霍姆林斯基的设想变成了中国的现实（《给教师的建议》），数以百计的中小学校跟随他实验，"日记教育实践探索成果颇丰，必将在新世纪日记发展史上留下灿烂的一页"（程韶荣《朱永新日记教育思想和实践》《新课程导学》2010 年第 12 期）。

（2）语文教师的指导。20 世纪 80 年代以来，广大中小学语文教师开始自觉地将日记指导纳入作文教学计划之中，开展了丰富多彩的日记教学活动。他们或举办日记欣赏会、日记座谈会，或举行日记写作比赛，或举办优秀日记展览，或编辑班级日记专刊，油印日记小报、优秀日记选等，为繁荣日记付出了大量的心血。最早大胆实践叶圣陶的倡议的是辽宁省著名特级教师魏书生。他的学生从初一至初三，日记从不间断，写日记的习惯养成了之后，作文水平随之快速提高。魏书生创造的以日记为主、习作为辅的教学改革坚持了十余年，他的教学经验在全国广为流传。魏书生还利用各种场合宣传日记："十多年来，我外出作报告，大会上我不止 400 次地向青年教师真心诚意地建议：坚持每天写日记，散了会，和老师们座谈，我又常常不厌其烦地建议青年人写日记。"（《班主任工作漫谈》，漓江出版社 1993 年）北京市小学语文特级教师霍懋征指导一到三年级小学生写自然日记，经过跟踪实验，"记自然日记的学生几乎都养成了写日记的习惯"，教学改革取得了成功。江苏小学名师李吉林对一年级学生进行写话训练，到二年级进行命题作文训练，并让学生写观察日记，适当地增加学习的难度，学生的智力得到较好的发展。上海市的史敏、江苏东台市的程韶荣老师指导中小学生写日记的系列文章于 1986 年起在山西的《青少年日记》连载后，受到师生好评。该杂志 1989 年专门为他俩编辑的《小学生怎样写日记》《和中学生谈日记》的小册子，后来成了许多学校的日记辅导教材。山东省沂蒙山区的小学老师张在军，从 1985 年起就开始"作文与日记结合"等课题实验，走出了山区儿童通过写日记提高写作能力的新路子。张在军所著的《小学生日记这样写》（上海教育出版社 1998 年）是一部有具体操作性的日记教学入门书。山东省诸城市百尺河中学管炳圣老师开展"日记与国民素质教育"课题研究，辅导学生写生活日记、劳动日记，自费创办日记刊物《足迹》（已出百余期）。他的《日记宣言》是一篇很有分量的推介日记功能的论文。管炳圣老师 1998 年在全国首倡、举办的日记节（每年立夏）至今没有中断，后来日记节由校园扩大到诸城市，产生了良好的社会影响。

顺便提及的还有，其他学科老师可以为普及日记助一臂之力。班主任要求学生写日记的也不少，师生通过日记沟通思想，交流感情，解开某些情结，是行之有效的。如四川李镇西老师出版了《心灵写诗——李镇西班主任日记》（科学出版社 2005 年）。英语老师指导学生写英文日记较为普遍，已有多种学生英语日记出版。值得一提的是，《人民教育》2004 年 20 期以"数学日记，书写理科教学的人文情怀"为话题，专题报道了河北省青县陈会彦老师指导学生写数学日记的事迹。编者认为："在我国，1997 年后数学日记才零星地出现。学科日记对于中国数学教育乃至其他除语文以外的课程之价值还远没有被认识到。"可见，如果各门学科的老师都可以来开发这块宝地，学生日记的内容就会更加丰富多彩，学生的思维也会得到多方面的训练。

（3）家长的积极参与。"孩子写日记，要能有进步，离不开家长和老师对他的日记的评讲和鼓励。"（张世君《告诉你，我不是丑小鸭·后记》，花城出版社 2000 年）确实如此。广东小学生张蒙蒙的母亲张世君指导孩子从一年级开始尝试写日记，并养成了良好习惯，摸索出拟题日记的好经验。广东经济出版社 1999 年出版了张蒙蒙的第一本日记选（1—3 年级），开了低年级小学生出版日记集的先例。继而花城出版社接连为她出了多本日记集。江苏小朋友窦蔻的父母利用在外打工的间隙辅导孩子写日记，创造了 5 岁小朋友开始写日记的记录，探索出低幼儿童日记的新路子。2003 年文汇出版社出版了窦蔻 5—8 岁的日记选《窦蔻的年华》。如今，张蒙蒙、窦蔻"现象"已经不是什么"神话"了，越来越多的家长对此产生了兴趣，并展开了实践，如河南李美志开始了指导低龄儿童写日记的探索。

（4）教育行政人员的倡导。不少校长是日记教学的热心人和支持者。张家港市高级中学高万祥校长率先开设日记课，并已形成了日记校本课程。他主编的《在日记中成长》很受学生欢迎。语文教研员也是日记教学的重要力量，他们是上级教育行政领导和学校之间的纽带。江苏省沭阳县教育局教研室赵登亮先生，1999 年主持"借日记以美育"（省级）课题，吸引了很多校长、教导主任积极投入实验，有的学校已形成了日记管理育人的模式。江苏东台市教育局教研员程韶荣亲自编写日记教材，到市内外中小学做日记讲座 100 多场，从 1996 年起举行了 15 届全市优秀日记册评比，编出学生精品日记选 60 余本。该市 2009 年创建市中学生日记馆，编辑馆刊《中学生日记》。由他主持的"区域推进日记大普及的研究"课题已经成功结题。近年来，涌现出一大批日记少年、日记名师和日记名校。河南焦作市教育局张炳辰局长十分重视、支持"培优扶弱"课题，以教育日记为载体，搭建家校、师生、家长与子女沟通的桥梁，2005 年给家长和老师配备《让我们一路同行》专用日记本，简洁、方便、高效、易操作，全市各学校都行动起来了，师生响应、家长参与，3 年后出版教育日记丛书 30 多本。我们期待有更多的"东台现象"和"焦作现象"出现，有更多的教育行政人员关注日记，亲自抓、坚持抓日记写作，那么，日记普及的速度就会进一步加快。

其次是社会各界倡导写日记。

（1）作家的鼓与呼。作家中绝大部分人都曾有过写日记的经历，他们的成功得益于日记多矣。他们的呼声也更具号召力和影响力。北京的康健先生多年来坚持搜罗日记资料，积累了 200 多位作家、教授谈论日记的文章，陆续编成《名人谈日记》（与杭世金合作，同心出版社 2002 年）、《高远集》（中国文化教育出版社 2011 年）、《清远集》（中国文化教育出版社 2013 年）等。作家周国平先生是一位执着的日记鼓动者。他说："不论在什么场合，只要是面对着中学生，我经常提的一个建议就是：养成写日记的习惯。因为这种习惯一旦养成，就终身受益。"（《养成写日记的习惯》，《语文教学通讯》2003 年第 10 期）他在江苏一所中学讲课时深有感触地说："从小学到大学，日记是对我帮助最大的一门课程。"作家的感悟对青少年有着很强的示范性。

（2）编辑的默默奉献。中国日记的复苏与普及离不开众多编辑的默默奉献。国内第一份日记杂志是《山西日报》社主办的《青少年日记》(1984 年创刊，郭华荣主编)。该刊以"既教你作文，更教你做人"为宗旨，先后刊发了数以万计的中小学生日记作品，组织了"两种价值观日记大讨论"。该刊开辟了"日记写作信箱"等专栏，其中由杭世金先生执笔的系列指导文章后来结集为《日记百题解答》（希望出版社 1996 年）。1994 年，该刊又创办了《小学生日记》杂志。这两本杂志为推动校园日记写作做出了重要的贡献。1999 年创刊的《日记报》（山东于晓明主编）以雅俗共赏为特色，既注重扩大日记在民间的影响，又开始有意进行日记文化、日记文献的研究整理，引起学术界的关注。该报自第31期后改为《日记杂志》，学术性增强。2003年创刊的《日记》（甘肃萧滋云主编），日记作品多而精，装帧设计美观，受到青少年的欢迎。北京《中学生》杂志社刘加民编辑2009年主持中国教育学会"日记对青少年成长的影响研究"课题，吸引全国各地中小学师生参加日记教学实验，组织丰富多彩的研讨活动，使日记研究逐步走向深入。

出版界也为日记普及做出了不可替代的贡献。这些年各地接连不断地推出中小学生日记单行本，如中国少年儿童出版社1987年出版的田晓菲的《一个少女成长的足迹——田晓菲日记选》、广西师范大学出版社2000年出版的黄思路的《十六岁到美国——一个中国女生的美国日记》。集中推出一批学生日记集的，要数花城出版社。编辑张瑛独具慧眼，发现和编选了张蒙蒙、马思健等同学的十多本日记集，在社会上产生了良好的影响。

除此以外，我国还有一大批日记志愿者，他们的职业也许与日记没有多大关系，但就是因为某种情结，让他们与日记结下了不解之缘。河北省保定市工商局寇广生先生痴迷日记一辈子，呼吁全社会关心日记三十年，多次在当地举办日记收藏展，2012年在其母校洛阳第一高中创办日记收藏馆。还有像坚持写日记长达70年之久的皇甫束玉（高等教育出版社原党委书记）等很多日记爱好者，他们以不同身份、不同方式投身日记普及这一快乐的事业，以"为了多一个人记录历史"（管炳圣语）为毕生追求，其情之真之深，令人敬佩。

三、日记走向学术殿堂的时代（1988年至今）

随着写日记的社会大气候得到改善，日记研究也在复兴，为了说明的方便，我以 1988 年"日记学"一名的问世为界，将近四十年的日记研究分为复苏期和展开期两个时期。

（1）日记研究的复苏期（1978—1988 年）。1988 年之前，日记研究较少有学者问津，只有少数学者在始终坚守，其中最为勤勉的首推华东师大古籍研究所陈左高教授。他从 1947 年起致力于中国古代日记的研究，着手整理日记典籍，发表了多篇日记书评，如《谈宋代日记》《谈明代日记》《谈清代日记》，启动了日记断代史的研究。这些具有开创意义的日记专论，为他晚年研究中国古代日记通史奠定了基础。从 20 世纪 80 年代起，陈先生又开始了日记专题史研究，如《日记中的中日文化交流史料》《清代日记中的戏曲史料》《日记中的中国书画史料》《日记中的中国园林史料》《清代日记中的中国图书史料》《清代日记中的中欧交往史料》等。这些新成果的不断出现，大大拓宽了日记研究的领域。同时，他还编撰了《晚清二十五家日记辑》（上海人民出版社 1982 年）、《古代日记选注》（上海古籍出版社 1982 年）。

（2）日记研究的展开期（1988 年至今）。这一时期日记研究全面铺开，日趋繁兴。首先，值得大书一笔的是"日记学"的正式"亮相"。1988 年，南京师范大学《文教资料》编辑于平等经过精心策划，推出国内学术刊物中第一个"日记研究专辑"，在"编者的话"中向学术界明确宣称进行"日记学的探索"（第 6 期）。该期发表了陈左高的《我国日记的发展及其学术价值》以及寇广生、程韶荣等人的 5 篇文章。这组论文甫一刊出，立即受到媒体的关注。上海、北京、山西等地的报刊作了报道，认为日记成"学"的条件已经成熟。1989 年，该刊第 5 期又出专辑，发表了乐秀良、张文华、程韶荣、杭世金等人的 7 篇文章。林乐齐先生的《现当代日记书目提要》《现当代日记篇目选录》二文具有拓荒性的意义。1989 年 12 月 3 日的《文摘报》给以高度评价。1990 年，该刊第 5 期再出专辑，发表了裴显生等人的 9 篇论文，其中乐秀良、程韶荣的《建立中国日记学的初步构想》一文，引起了日记研究爱好者的思考。三期专辑的相继问世，对日记学的建构起到了推动作用。从此，日记学正式进入学人的视野，裴显生、散木等学者都认为："'日记学'大有可为"。

其次是四次"日记论坛"的成功举办，促进了日记学研究的蓬勃发展。这四次日记论坛先后在上海（2002年）、山东诸城（2004年）、北京（2006年）、河南洛阳（2012年）举行，为日记人聚会研讨交流搭建了平台，日记研究队伍初步形成。第三届日记与日记文学论坛共收到114篇的论文，后汇编成册。日记论坛为陈左高教授颁发了"日记研究终身成就奖"，为乐秀良等15人颁发了日记研究杰出贡献奖。

以下分专题介绍日记研究的新收获。

（1）中国日记史研究。1990年，我国第一部古代日记史《中国日记史略》（陈左高著）由上海编译出版公司出版。全书约20万字，评述了唐、宋、元、明、清历代名人日记二百余种，这些作品系作者40多年来从近千种古代日记中遴选出的。这部专著问世后，得到学术界的高度评价。它填补了我国日记研究史的空白，具有很高的学术价值。近年来有学者对断代日记史进行研究，如南开大学冯尔康教授研究清代日记，他在《清代人物传记史料研究》一书中设专章"清人阶段性传记著作——日记"，讨论清人日记的内容、类型、功能以及清代日记繁荣的原因。中国人民大学孔祥吉教授的《清人日记研究》收录了作者对谭嗣同、袁昶、张之洞等人日记的评析。也有青年学者对宋代日记进行了研究。至于近百年的日记史，尚未见全面研究的成果。林乐齐先生的《现代日记文学述略》（《新文学史料》1988年第1期）最早勾画出了"五四"时期至新中国成立前30年日记文学的踪迹，引起读者对日记文学的浓厚兴趣。刘中黎先生的博士论文《中国20世纪日札写作教育研究》（中国社会科学出版社2013年）侧重于日记教育史的研究，第一次清晰地展示了 20 世纪日记写作教育的全貌和变迁的脉络，对中小学日记教学具有很强的理论指导性。张高杰先生的博士论文《中国现代作家日记研究——以鲁迅、胡适、吴宓、郁达夫为中心》（中国社会科学出版社 2014 年）系统阐述了现代作家日记的源流和价值，重点剖析了几位大家的日记观和美学意义。当然，这门学科还很年轻，对中国日记史的研究还仅仅是起步而已，未来的路还很漫长。

（2）日记文献整理。日记作为一种私密性很强的文体，具有独特的学术价值。这种价值是其他史料所无法提供的。日记文献研究与其他文献研究相异之处在于："古代日记稿抄本，大量散藏于全国各地藏家，有待深入搜访；且日记坠简残帙，更须踪寻求索，有待深挖补辑。"（《历代日记丛谈·导言》）山东刘增杰先生说："现代作家日记研究面临两个紧迫任务：一是开展对日记的抢救与整理；二是在整理过程中加强对日记的辨伪与阐释。"日记文献研究具有深远的文化意义。

在日记文献的研究中，我们不能不首先提及陈左高先生的两大贡献：一是他和郑逸梅主编的《中国近代文学大系·书信日记集》（第 23—24 卷，上海书店 1993 年），二是他穷一生之力写成的《历代日记丛谈》（上海书画出版社 2004 年），全稿 75 万字，评述古代日记约五百种，其中很多是尚未公开发表的稿钞本，具有很高的学术价值和珍藏价值。陈先生为我国日记事业所做的筚路蓝缕的工作足为世人称道。被誉为"日记文化的行者"的自牧、于晓明二位，他们以"普及日记写作，促进日记研究"为己任，一起创办《日记杂志》，历经重重困难，仍然坚守下来。该刊汇集了当下日记研究成果，是国内唯一的日记类学术期刊。于晓明还编撰了国内第一部日记研究资料丛书，包括《日记品读》《日记漫谈》《日记序跋》《日记闲话》等。

日记的文献价值一直备受关注。陈左高先生阐述了日记在自然科学、政治、经济、外交、文学艺术等研究领域中的学术价值。复旦大学邹振环教授的《日记文献的分类与史料价值》(《复旦史学集刊》第一辑《古代中国：传统与变革》，复旦大学出版社 2005 年 6 月）一文，更为全面、深入地探讨了日记在史实考订、历史补正、人物与作品研究、社会文化史研究的价值，探讨了日记的辨伪、矫饰和删改等诸多问题，资料丰富，立论严谨，新见迭出。这篇长达 3 万字的宏文，是一篇十分难得的专论。齐世荣的《谈日记的史料价值》(《首都师范大学学报》2011 年第 6 期）从政治人物日记和文化人物日记两大类详细讨论了日记独有的史料价值。范世涛的《文革日记：规训、惩罚和日常记录》(《昨天》2012 年第 1 期）专题讨论了某一历史年代日记的特殊价值。

整理日记文献是一项繁难、复杂的工作，工作中所遇到的困难非常人可以想象。比如赵元任的日记"有时使用了五线谱以达意，有时是图像，有时是外文和方言，有时夹杂着他本人才明白的符号"（王元化《九十年代日记·后记》）。朱自清曾用中文、汉语拼音、英文、日文等写日记，黎锦熙用文言、注音符号、国语罗马字、汉语拼音以及自创的汉语双拼新字写日记。有的日记字迹潦草，难以辨认。要整理好一部日记常常要费一年、两年甚至更多时间。杨天石先生说他整理《钱玄同日记》花费 20 多年时间。在这样的情况下，一些出版社相继推出日记丛书，实属不易。1997 年山西教育出版社推出中国现代作家日记丛书 10 本，2001 年河南教育出版社出版近代学人日记丛书 6 种，大象出版社出版"大象名人日记文丛"12 册。国家图书馆出版社十多年来不断原版影印日记手稿，编辑珍稀日记文献资料丛刊，这种影印留真的图书更具有鉴赏价值和收藏价值。2006 年，清史编委会编辑的《清代稿抄本》收录未刊日记 20 余种。中华书局推出"近现代名人日记手札"系列，已有《王伯祥日记》等多种问世。日记单行本数量更多，如上海科技教育出版社花 6 年时间出版的《竺可桢日记》(列入《竺可桢全集》）6—20 卷，2014 年全部出齐，共一千三百万字，工程浩大，成为日记出版物的精品之一。值得大书一笔的是，虞坤林先生耗费大量精力编著的《二十世纪日记知见录》（国家图书馆出版社2014 年）收录了近现代人物日记 1200 余种，填补了现代日记书目的空白，极大地方便了研究者的检索和使用。

（3）日记作品研究。进入新时期以来，我们所能见到的第一部日记作品研究专著是鲁迅研究家包子衍先生的《〈鲁迅日记〉札记》（湖南人民出版社 1980 年）。早在 1974 年，他就完成了《〈鲁迅日记〉类编》的初稿，后反复研究多年，终于挖掘出鲁迅日记所蕴藏着的丰富史料和多样价值。这本书的问世具有一定的引领作用。这方面的成果之后陆续出现，后由于晓明先生汇编成《日记品读》一书。一些有影响的日记开始被深入研讨。杂文家储瑞耕的《心灵原稿》（花山文艺出版社 1994 年）出版后，河北举办了专门的日记作品研讨会；军旅诗人胡世宗的日记（8 卷，春风文艺出版社 2006 年）出版后，辽宁等地举行了研讨会，研讨文章汇编为《胡世宗日记评论集》（北方文艺出版社2010 年）。2007 年，余英时先生的《未尽的才情——从〈顾颉刚日记〉看顾颉刚的内心世界》在台北联经出版公司出版。李伶伶、王一心合著的《日记的胡适》2007 年由陕西人民出版社出版。江勇振研究胡适日记的专著《舍我其谁：胡适》2011 年由北京新星出版社出版。还有的学者多年整理、研究某一位人物的日记，卓有建树，如王庆祥先生用了十多年的时间主持整理和注释《爱新觉罗·溥仪日记》（天津人民出版社 1996 年），成了溥仪研究专家。历史学家杨天石是中国大陆第一个读到蒋介石日记的学者，他研究蒋介石日记长达 30 年，已经出版《找寻真实的蒋介石：蒋介石日记解读》（上下册，华文出版社 2010年）等。研究蒋介石日记的还有《两蒋日记归宿揭秘：中国历史落户美国胡佛档案馆的往事》（窦应泰著，新世界出版社 2011 年）、《从大历史的角度读蒋介石日记》（黄仁宇著，九州出版社 2011 年）等。由此也可窥见日记作品研究逐渐趋热。

（4）日记作法研究。20 世纪 30 年代是日记作法研究的兴盛期，先后出版过不下十种写作指导书。近年来日记作法研究也有所突破，比如山西杭世金先生总结了他几十年从事青少年日记编辑的经验，写成《日记写作三百问》，解决了日记写作中的诸多疑惑，具有很强的指导性。甘肃萧滋云先生的《日记写作浅谈》（中国文联出版社 2002 年）以一个作家几十年写日记的经验讨论写日记的途径，对文学爱好者入门练笔很有启发性。程韶荣的《程老师教你写日记》（北方妇女儿童出版社 2009 年）一书着力于对日记素材的深度开掘和系统研究，对中学生初学写日记有一定的针对性。还有大量单篇日记教学论文讨论了日记写作的方法、技法、语言等问题，无不对青少年日记写作水平的提高起到了推动作用。

但是，由于新的课程标准并未明确规定日记在课外练笔中的地位，因此，尚无通用的教材，也没有固定的课时，只能在语文教学中见缝插针，这样，教师对日记的指导常常是随意的，自然也就没有系统性可言。中小学生的日记作法很需要我们做继续深入的探究。目前我们还有一个认识的误区，以为讨论日记作法只是讨论学生的日记写作，其实，写日记的人群中还有一个很大的群体是成人，他们的日记到底该怎么写，显然还没有多少人去思考和研究过，于是成人日记写作研究成了"真空"地带，而这也是需要我们去拓展的新领域。

（5）日记作品的译介。外国日记的翻译至今还只能说是刚刚起步，虽然早在 1934 年已有施蛰存的《域外文人日记抄》，可是，此后五十年，"我国的文学翻译界没有译出过一本外国文人日记，而外国文人的日记却又出版了不少名著"（见该书重印后记）。造成这么一个"断层"，有诸多原因。近年来翻译的日记作品还是不多，据孙继林收录的

《现代外国日记译作书目提要》(《文教资料》1990 年第 5 期), 总共有 30 种, 1980 年之后的仅有 9 种。西欧学者从 20 世纪 80 年代至今的日记研究成果, 一直缺乏翻译。

比起我们对外国日记的研究, 国外学者对中国日记的研究则要早得多。据陈左高先生介绍, 1893 年日本汉学家就在研究陆游的日记集《入蜀记》, 1982 年日本学者玉井幸助出版《日记文学概说》一书, 第一篇 (全书共三篇) 就是关于中国日记的论述。美国一些学者在 20 世纪 80 年代对我国宋代日记的研究, 曾在国际学术界产生过一定的影响。我国对外国日记的介绍却很少。郁达夫的《日记文学》《再谈日记》和朱光潜的《日记——小品文略谈之一》等探讨过外国日记的概貌, 到 1984 年, 才有程韶荣的《外国日记掠影》对外国日记做了一点点粗浅的介绍。近年来开始有学者关注日本的日记文学发展和欧洲日记体小说的变迁, 可惜, 我们至今尚未有关于外国日记通史和国别史的系统研究成果, 这些研究领域的空白有待后来者去填补。

日记研究在近四十年有了长足的发展, 但是还有很多研究领域需要我们去拓展。我们期待有更多的有识之士投入日记的研究事业, 有更多的志愿者倡导大家写日记, 推动日记走向繁荣。